AF546843

PHILIPP MATTHEIS

Die dreckige Seidenstraße

PHILIPP MATTHEIS

Die dreckige Seidenstraße

Wie Chinas Wirtschaftspolitik weltweit Staaten und Demokratien untergräbt

GOLDMANN

Dieses Sachbuch beruht auf Erlebnissen, Recherchen und Aufzeichnungen. Alle Informationen und Angaben in diesem Buch wurden von Autor und Verlag sorgfältig erwogen und geprüft.

Penguin Random House Verlagsgruppe FSC® N001967

2. Auflage
Originalausgabe Mai 2023

Umschlaggestaltung: UNO Werbeagentur, München,
unter Verwendung eines Fotos von © FinePic®
Kartenillustrationen: © Sabine Timmann
Karte Seiten 8 und 9: © Sabine Timmann unter Nutzung
einer Vorlage von Infrastrukturatlas 2020,
Urheber: Appenzeller/Hecher/Sack, Lizenz: CC BY 4.0
Redaktion: Volker Kühn
MP · Herstellung: CF
Satz: Uhl + Massopust, Aalen
Druck und Einband: GGP Media GmbH, Pößneck
Printed in Germany
978-3-442-31715-8

www.goldmann-verlag.de

INHALT

DIE NEUE SEIDENSTRASSE

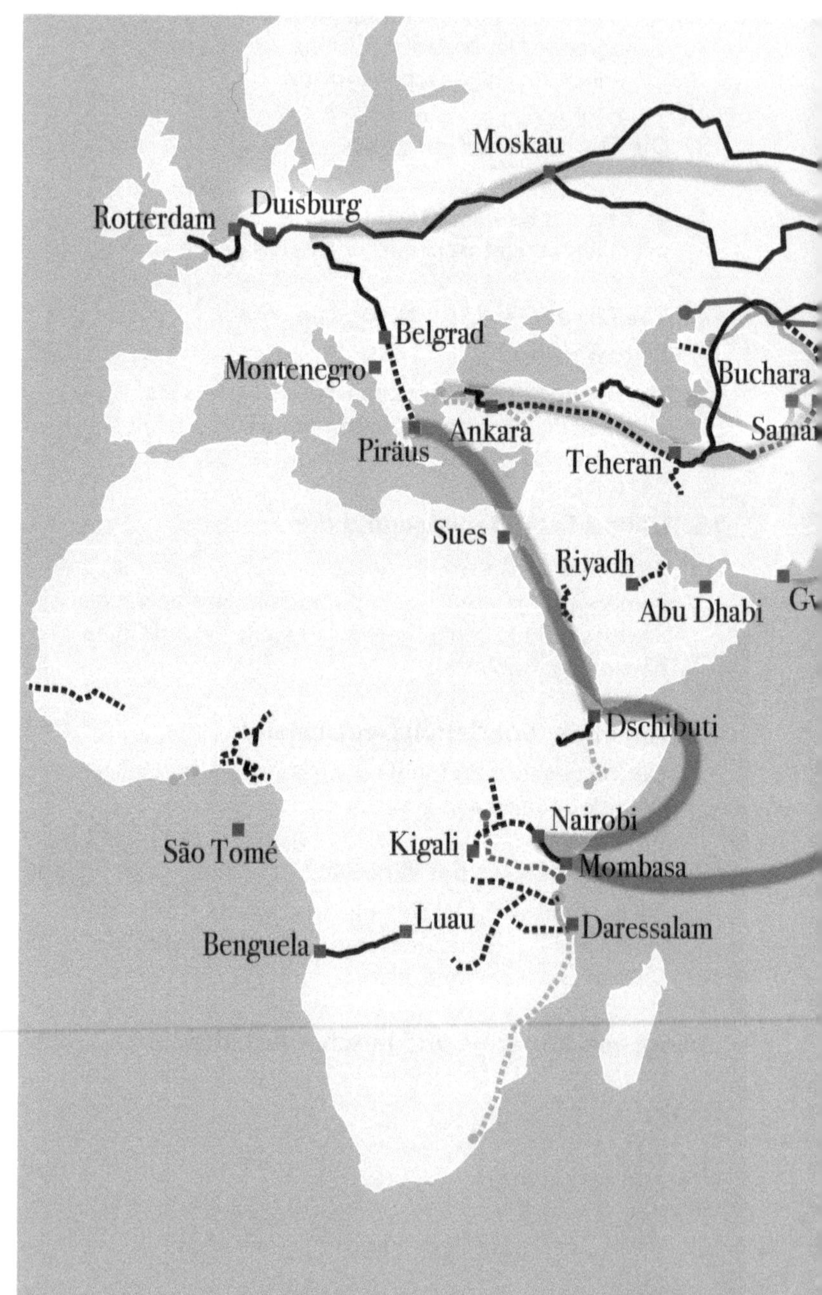

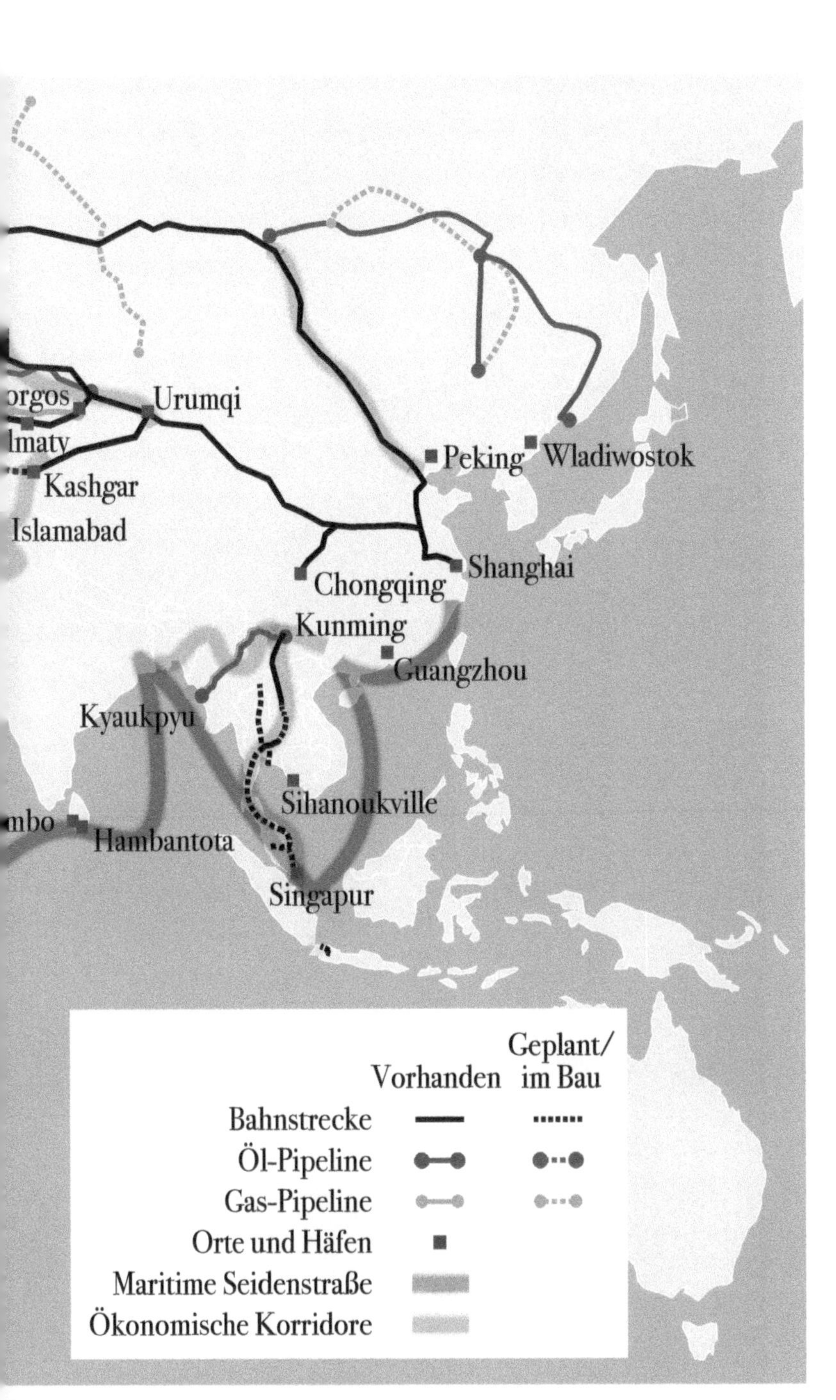

rgos
Urumqi
lmaty
Kashgar
Islamabad
Peking
Wladiwostok
Shanghai
Chongqing
Kunming
Guangzhou
Kyaukpyu
Sihanoukville
mbo
Hambantota
Singapur
Vorhanden
Geplant/ im Bau
Bahnstrecke
Öl-Pipeline
Gas-Pipeline
Orte und Häfen
Maritime Seidenstraße
Ökonomische Korridore

VORWORT

Vor zehn Jahren rief der chinesische Präsident das »geostrategische Jahrhundertprojekt« aus. Er nannte es »die Neue Seidenstraße«, wohl wissend, mit diesem Namen positive Assoziationen an vergangenen Reichtum zu wecken. Etwas weniger glamourös ist die synonyme Bezeichnung »Belt-and-Road-Initiative« (BRI).

Dieses Buch beginnt in Europa und führt den Leser auf eine Reise zu den Empfängerländern des chinesischen Geldes: Es geht über den Karakorum Highway von Xinjiang nach Pakistan, nach Teheran und Istanbul, wo China längst der wichtigste Handelspartner ist und chinesische Unternehmen den Ton angeben. Südostasien bindet Peking mit Zugstrecken und Pipelines immer enger an sich. Und es geht nach Khorgos in Kasachstan, zum größten Container-Trockenhafen der Welt, wo Container aus Chongqing kommend nach Duisburg auf der Schiene transportiert werden.

Entlang der Maritimen Seidenstraße besucht das Buch die Straße von Malakka, Pipeline-Terminals in Myanmar, einen chinesischen Hafen in Sri Lanka und die alte Hafenstadt Mombasa in Kenia; von dort soll ein chinesischer Zug einmal alle großen Hauptstädte Afrikas miteinander verbinden.

Und es geht darum, was das chinesische Geld in diesen Ländern bewirkt und anrichtet. Denn zehn Jahre später ist die Erfolgsbilanz dieses Projekts durchwachsen – aus Sicht der Empfängerländer, um die es in diesem Buch vor allem geht, aber auch für Peking selbst. Aus einem angestrebten Win-win-Verhältnis wurde ein Win-lose oder sogar ein Lose-lose, weswegen das Geld mittlerweile nicht mehr so locker sitzt wie zu Anfang der Neuen Seidenstraße.

In Bukhara und Samarkand, den ehemaligen Zentren der alten Seidenstraße, geht es um die Frage, wie dieser Reichtum verfallen konnte, und um tektonische Verschiebungen des Welthandels. Auf der Digitalen Seidenstraße versucht Peking zur Cyber-Großmacht zu werden und globale Standards für das 21. Jahrhundert zu etablieren.

Die »Neue Seidenstraße« ist ein schmutziges Projekt. Wer genauer hinsieht, merkt schnell, dass hinter Pekings Investitionen etwas anderes steckt als Brücken und Wirtschaftswachstum. Die Initiative ist für das neue China unter Xi Jinping ein Machtinstrument, um seinen Einfluss global auszubauen: Auf den Autobahnen und Zugstrecken werden nicht nur chinesische Waren transportiert, sondern auch Ideologie und Dominanz. Mit Krediten, Netzwerken und Produkten schafft die kommunistische Partei Chinas neue Abhängigkeiten. Telekommunikations-Netzwerke, erbaut von chinesischen Staatsunternehmen wie Huawei, spähen für die KP. Geld macht die – oft korrupten – Entscheider gefügig. Absatzmärkte werden abhängig von chinesischen Billigprodukten. Diktatoren lieben die chinesische Überwachungstechnik und das schnelle Geld, denn

Menschenrechte und Umweltschutz spielen dabei keine Rolle. Nach und nach dehnt Peking so seinen Einfluss über die eigenen Landesgrenzen aus, unterstützt autoritäre Regimes und untergräbt Demokratien.

Bei all der Kritik aber ist die Neue Seidenstraße kein maliziöses, boshaftes Projekt, sondern Symptom für veränderte Machtverhältnisse und den Wiederaufstieg Asiens. Oft sind weniger die chinesischen Kredite das Problem als vielmehr der Mangel an Alternativen. Um diese zu schaffen, ist allerdings ein genaueres Hinsehen nötig.

Dieses Buch erhebt keinen Anspruch auf Vollständigkeit. Zahlreiche Orte und Länder wären dafür noch zu bereisen. Hoffentlich aber kann es einen Beitrag dazu leisten, die Effekte und Wirkungen des chinesischen Geldes vor Ort zu verstehen und sie gleichzeitig in das große Ganze einzuordnen: als Teil eines der größten geostrategischen Projekte der Geschichte.

Budapest
UNGARN
Belgrad
SERBIEN
MONTENEGRO
GRIECHENLAND
Athen

1.

AM ENDE DER NEUEN SEIDENSTRASSE

»Die Initiative ist ja nicht das, was manche in Deutschland glauben, es ist keine sentimentale Erinnerung an Marco Polo.«

BUNDESAUSSENMINISTER SIGMAR GABRIEL 2018

Die Diplomaten staunten nicht schlecht, als sie im Juni 2017 wie jedes Jahr beim Menschenrechtsrat der Vereinten Nationen in Genf Klage über die Lage in China erheben wollten. Zu einer gemeinsamen Erklärung kam es nicht, weil ausgerechnet das kleine Griechenland blockierte. »Unproduktive und oftmals selektive Kritik gegenüber bestimmten Ländern erleichtert die Förderung der Menschenrechtslage in diesen Staaten nicht«, lautete die Begründung eines griechischen Diplomaten. Zwar machte man trotz der desaströsen humanitären Situation in Provinzen wie Xinjiang und Tibet gute Geschäfte mit China. Doch auf verbale Kritik an der Menschenrechtssituation in China konnte man sich stets einigen. Das war nun vorbei: Beim EU-China-Gipfel wurden die Menschenrechte nicht öffentlich angesprochen; und auch am 4. Juni, zum Jahrestag des Tiananmen-Massakers, äußerte sich die EU nicht. Der Trend sei »extrem beunruhigend«, urteilte Amnesty International.

Ein Jahr zuvor hatte sich ein chinesisches Staatsunternehmen im griechischen Hafen Piräus eingekauft. Und auch wenn es keinen Beweis für eine direkte Einflussnahme Chinas auf das Abstimmungsverhalten Griechenlands gibt, liegt der Verdacht doch nahe.

»Wir brauchen Investitionen«, sagte Fotis Provatas, der Vorsitzende der griechisch-chinesischen Handelskammer, im Frühjahr 2018. Griechenland besitze keine Industrie und sei hochverschuldet. »Und von den Chinesen bekommen wir sie.« Für ihn ist ein Kampf im Gange. Ein Krieg um 5-G-Technologie und künstliche Intelligenz, um Marktzugänge und eigentlich um die Vormachtstellung im 21. Jahrhundert. Das kleine Griechenland müsse da irgendwie überleben und für sich das Beste herausschlagen.

Vom Fenster seines Büros versperrten damals bereits Kreuzfahrtschiffe die Sicht auf die Ägäis. Bis zu 14 solcher schwimmenden Fabriken können mittlerweile am Hafen anlegen. Die Gäste kommen nicht selten aus China. Denn seit 2017 fliegt Air China direkt von Peking nach Athen. Chinesische Touristikunternehmen bringen zahlungskräftige Kunden, denen die griechischen Inseln als Inbegriff von Romantik überhaupt gelten. Chinesische Immobilienunternehmen wie Wanda bauen dafür die entsprechenden Hotels und Shoppingmalls.

Es sind All-inclusive-Investitionen aus Peking, fast alle finanziert von der China Development Bank, einer der größten Banken Chinas und der Welt, und dabei fest in den Händen der Kommunistischen Partei. Die Unternehmen, die in Griechenland investieren, unterstehen direkt ebenfalls dem chinesischen Staat oder sind Töchter von Staatsunternehmen. Sie bilden ein Cluster, und es ist nur mehr als wahrscheinlich, dass diese Unternehmen sich untereinander absprechen und konzertiert vorgehen. Dahinter steht ein politischer Plan, mit dessen Hilfe chinesische Unternehmen langfristig in Europa Fuß fassen sollen.

Griechenland ist für Peking ein Sprungbrett nach Mitteleuropa und in den südlichen Mittelmeerraum. Die Krise war für die Chinesen eine großartige Kaufgelegenheit. Dabei konzentrierten sie sich auf bestimmte Schlüsselbranchen. Der chinesische Hafenbetreiber China Ocean Shipping Company (Cosco) kaufte sich in zwei Tranchen 2008 und 2016 in den Athener Hafen ein, der im Zuge der Krise privatisiert wurde. Er betreibt nun zwei von drei Terminals. Im Sommer legte Cosco noch einmal nach und besitzt nun 67 Prozent des Hafens. 2017 erwarb der chinesische Netzbetreiber State Grid eine 24-prozentige Beteiligung am griechischen Stromnetz. Außerdem investierten Chinesen in den Tourismus und in Immobilien. Dabei hilft das griechische Golden-Visa- Programm: Wer für mehr als 250.000 Euro eine Immobilie erwirbt, bekommt eine fünfjährige Aufenthaltserlaubnis obendrauf – Schengen-Visa inklusive. Das ist gerade für die chinesische Oberschicht sehr attraktiv.

Die großen und wegen ihrer Staatsnähe berüchtigten Konzerne Huawei und ZTE sind mit Forschungslaboren und Kooperationen mit chinesischen Universitäten im Land vertreten. Zur Frage, ob weitere Investitionen geplant sind, schweigt sich Handelskammerchef Provatas aus. Immer wieder betont er aber, auch die Amerikaner würden ihre Netzwerkdienstleister zur Spionage einsetzen. Warum sollte man das den Chinesen verwehren, schwingt ungesagt darin mit.

Tatsächlich hatte man damals in Griechenland nur wenig gegen die Gäste aus Fernost. Laut einer Umfrage des griechischen Kappa-Instituts von 2017, sagten 40 Prozent der Griechen, man solle die Beziehungen zu China ausbauen – nur die Russen punkten höher. Ein Jahr zuvor bezeichneten 82 Prozent der Griechen die Beziehungen zur EU als freundlich. Mittlerweile ist der Anteil etwas zurückgegangen.

Von der EU und den Amerikanern fühlt man sich dabei eher im Stich gelassen. »Das Problem ist: Von dort bekommen wir keine Investitionen«, sagt Provatas, der früher einmal stellvertretender Bürgermeister von Athen war.

Das Engagement Chinas beim Athener Hafen gilt als Erfolgsgeschichte. Die Menge an umgeschlagenen Containern stieg von 0,8 Millionen 2009 auf 4,9 Millionen 2018. Von 2017 auf 2018 allein nahm die Menge um 190 Prozent zu, wohl weil China Güterströme umgeleitet hatte. Im Mai 2022 vermeldete der Hafen sogar den größten Profit seiner Geschichte. Selbst die Gewerkschaftler, scharfe Gegner jeglicher Privatisierungsprogramme, sagen: Mit dem neuen chinesischen Management komme man eigentlich gut aus. Nick Georgiou, der damalige Präsident der Hafenarbeiter-Gewerkschaft in Piräus, beklagt zwar, dass der neue Betreiber lieber auf Zeitarbeitsfirmen zurückgreife, muss aber zugeben, dass seit der Übernahme niemand entlassen wurde. Tatsächlich wurden sogar mehr Leute eingestellt.

Griechenland ist ein wichtiger Brückenkopf in der von Peking entworfenen Neuen Seidenstraße, jenem Netz von Infrastrukturprojekten und Investitionen, das der chinesischen Wirtschaft den Exportweg über Land und See nach Europa sichern soll. Seit 2014 flutet Peking zentralasiatische Staaten von Kasachstan, Pakistan bis Iran mit Milliardeninvestitionen. Ein Netz aus Häfen, Straßen und Zugstrecken zieht sich langsam über den Kontinent Richtung Nordwesten.

Dabei ist das, was dabei für Griechenland abfällt, eine eher kleine Summe. Knapp zehn Milliarden Euro hat Peking seit 2005 dort investiert. Nach Deutschland floss im selben Zeitraum das Vierfache. Provatas aber ist sich sicher: »Das ist erst der Anfang.«

Einige hundert Kilometer weiter nördlich wurde 2022 mit chinesischem Geld eine Straße fertiggestellt: Mit einer Länge von 41 Kilometern, einer Bauzeit von acht Jahren und Kosten von einer Milliarde US-Dollar gilt die Autobahn in Montenegro als eine der teuersten der Welt. Das liegt auch daran, dass die Strecke über Schluchten, Täler und durch zahlreiche Berge führt. Luftaufnahmen zeigen spektakuläre Szenen: insgesamt 20 Brücken, von denen sich manche in schwindelerregender Höhe durch pittoreske Flusstäler ziehen, und 16 Tunnel. Viele Anwohner freuen sich, dass die Straße im Sommer 2022 eröffnet wurde: Die ehemals beschwerliche Reisezeit über die Berge von Smokovac nach Matesevo verkürzt sich auf 35 Minuten. Zudem seien früher auf der gefährlichen Straße viele Menschen ums Leben bekommen.

Der größere geostrategische Profiteur der Straße ist allerdings das Nachbarland Serbien, das seit jeher gute Beziehungen zu Peking pflegt. Einmal fertiggestellt, verbindet sie die serbische Hauptstadt Belgrad mit der Adria. Damit ist sie ein wichtiger Zugang des Binnenstaats zum Mittelmeer. Montenegro dagegen könne, so hieß es 2014 bei den Verhandlungen mit der chinesischen Export-Import Bank of China (Exim), »ein Transport-Hub der Region« werden.

Für China ist der Süden und Osten Europas so etwas wie die offene Flanke der EU. Chinesische Staatsunternehmen können hier üben«, wie gut sie mit den Standards und Auflagen der Europäischen Union zurechtkommen. Denn während man im Westen der Union eher skeptisch gegenüber Chinas neuen Ambitionen ist, bezeichnete der tschechische Präsident Miloš Zeman sein Land schon als »Chinas unversenkbaren Flugzeugträger«. Der griechische Premierminister Alexis Tsipras bot sein Land 2016 als »Tor nach Europa« an. Und der serbische Bauminister sagte 2017, es sei »nicht vermessen oder falsch zu sagen, Serbien ist Chinas Hauptpartner in Europa«.

Doch blickt man genauer auf die Verbindungsstraße, ist die Bilanz plötzlich nicht mehr so berauschend wie beim

Hafen von Piräus. Das Problem: Die restlichen 122 Kilometer nach Belgrad wurden nicht fertiggestellt, und daran dürfte sich so bald nichts ändern. »Wir haben einen Witz«, sagte der ehemalige Justizminister von Montenegro, Dragan Soc 2021. »Das ist eine Straße von Nirgendwo nach Nirgendwo.« Ein Kredit von einer Milliarde, den Montenegro bei Peking aufnahm, mag im bundesdeutschen Haushalt keine große Rolle spielen. In dem kleinen Balkanstaat aber macht er knapp ein Drittel der Wirtschaftsleistung aus und katapultierte die Verschuldung schlagartig auf 100 Prozent der Wirtschaftsleistung. Erschwerend hinzu kam, dass man sich bei dem Kredit nicht gegen Währungsschwankungen absicherte.

Warum die Straße nicht weitergebaut wird, ist nicht ganz klar. Angesichts der immens hohen Kosten von über 22 Millionen Dollar pro Kilometer fragen sich viele, ob nicht Korruption im Spiel war. NGOs hatten von Anfang an das Projekt wegen mangelnder Transparenz und Umweltschäden kritisiert.

Dieses Muster, eine Mischung aus Fehlplanung, Korruption und plötzlichem Stillstand, wird uns auf der Neuen Seidenstraße noch öfter begegnen.

Auf jeden Fall fehlt Montenegro Geld. Einspringen soll deswegen der Westen. 2022 schloss das kleine Land einen Vertrag mit zwei amerikanischen und einer französischen Bank, den chinesischen Kredit umzuschulden.

Für Probleme sorgt auch eine Bahnstrecke zwischen Serbien und Ungarn. 2017 startete die EU-Kommission eine Untersuchung des Ausschreibungsprozesses für eine

Trasse zwischen Budapest und der serbischen Hauptstadt Belgrad. Der Vorwurf lautete: Die ungarische Regierung habe Aufträge ohne ein faires Verfahren an chinesische Unternehmen gegeben. Später eröffnete die EU sogar ein Strafverfahren gegen Budapest und hielt Gelder zurück.

Hinzu kommt: Die Bahnverbindung zwischen Belgrad und Budapest eine innovative Errungenschaft zu nennen, ist ein Euphemismus. Neun Stunden dauert die Fahrt für die rund 300 Kilometer. In den 1980er Jahren sollen Züge die Strecke in sechs Stunden geschafft haben. Auch von Profitabilität ist sie weit entfernt. Schätzungen zufolge müssten neun Millionen Menschen mindestens einmal im Jahr ein Ticket kaufen. Bei derzeitiger Auslastung würde es mehrere Hundert Jahre dauern, bis sich das Projekt rentiert hat.

Wozu also diese Investition? Beruht sie schlicht auf einer Fehlkalkulation, oder gibt es andere Gründe?

Fünf Jahre später, im Herbst 2022, stehen die Chinesen plötzlich auch vor dem Hamburger Hafen: Mit 35 Prozent will sich das chinesische Staatsunternehmen Cosco in die Betreibergesellschaft des Containerterminals Tollerort einkaufen. Der grüne Wirtschaftsminister Robert Habeck legt ein Veto ein. Schließlich handle es sich um »kritische Infrastruktur«. Seit dem Ukraine-Krieg ist man in der deutschen Gesellschaft ohnehin sensibler, was Geschäfte mit autoritären Regimes angeht. Und haben die Chinesen nicht auch im fernen Sri Lanka einen Hafen übernommen? Dort nämlich hatte die Regierung mit chinesischem Geld einen Tiefseehafen bauen lassen. Als Sri Lanka in Zahlungsschwierigkeiten geriet, »pachtete« China den Hafen kurzerhand für 99 Jahre.

Andere aber warnen vor dem Gegenteil: »Eine Absage an die Chinesen wäre eine Katastrophe nicht nur für den Hafen, sondern für Deutschland«, so der Vorstand der Hafen Hamburg Marketing, Axel Mattern. Und auch in der Regierung ist man sich uneins. Am Ende kommt es zu einem Kompromiss: 24,9 Prozent dürfen die Chinesen von Tollerort übernehmen.

War das nun die richtige Entscheidung? Hätte man die chinesische Beteiligung besser ganz verbieten sollen, um einer schleichenden Übernahme zu entgehen? Oder hat man am Ende aus kleinlicher Paranoia wertvolle Investoren verprellt, die Deutschland eigentlich in dieser Phase der Globalisierung dringend braucht? Cosco, eine der größten Reedereien der Welt, ist immerhin der wichtigste Kunde des Hamburger Hafens. Was, wenn das chinesische Unternehmen demnächst andere Häfen bevorzugt? Und zeigt das Beispiel Piräus nicht, wie gut das Geld aus China sein kann? Schließlich ist China der wichtigste Handelspartner Deutschlands. Ohne den gigantischen Aufschwung in Fernost über die vergangenen 20 Jahren wäre auch die Bundesrepublik ein großes Stück ärmer. Mehr Handel, mehr »Konnektivität«, wie es im Business-Neudeutsch heißt, war schließlich noch nie schlecht. Die Neue Seidenstraße, das außenpolitische Kernkonzept von Xi Jinping, soll doch gerade diesen transkontinentalen Handel weiter ausbauen und die Welt enger zusammenwachsen lassen. Oder etwa nicht? Waren es Handel und Globalisierung, die das chinesische Wirtschaftswunder ab 1990 entfachten, so soll nun auch der Rest der Welt wachsen, versichert Peking.

»Geopolitisch geht es auch darum, europäische Volkswirtschaften enger an Peking zu binden als vielleicht an die USA«, sagt Jacob Gunter, Senior Analyst beim Mercator Institut für China Studien (MERICS) in Berlin. »Es geht auch darum, den diplomatischen Einfluss auszubauen. Der Hafen von Piräus ist so ein Beispiel – die Nachfrage nach einem so großen Ausbau war eigentlich nicht da. Aber Griechenland hat eben ein Veto-Recht im Europäischen Rat.«

Neue Seidenstraße, der Name für Chinas Jahrhundertprojekt, ist geschickt gewählt. Im Westen schwingen dabei Bilder von orientalischer Exotik mit, vom Reichtum einer vergangenen Epoche. Mit der Realität hat das jedoch nicht viel zu tun.

»Die Initiative für eine neue Seidenstraße ist ja nicht das, was manche in Deutschland glauben, es ist keine sentimentale Erinnerung an Marco Polo, sondern sie steht für den Versuch, ein umfassendes System zur Prägung der Welt im chinesischen Interesse zu etablieren«, sagte der damalige Außenminister Sigmar Gabriel 2018 auf der Münchener Sicherheitskonferenz. »Dabei geht es längst nicht mehr nur um Wirtschaft: China entwickelt eine umfassende Systemalternative zur westlichen, die nicht wie unser Modell auf Freiheit, Demokratie und individuellen Menschenrechten gründet. China erscheint derzeit als das einzige Land der Welt mit einer wirklich globalen, geostrategischen Idee, und es verfolgt diese Idee konsequent.«

Und bisher hat kein Staat eine Antwort auf dieses Jahrhundertprojekt. Kleinere Staaten des globalen Südens geraten schnell in eine Abhängigkeit. Aber auch den USA und der EU fehlt eine Gegenstrategie zu diesem mal schöngeredeten, mal dämonisierten Projekt, das Xi Jinping vor zehn Jahren in Kasachstan verkündete.

2.

AM ANFANG DER NEUEN SEIDENSTRASSE ODER »YOU NAME IT«

»Schulden sind ein mächtiges Instrument, viel besser, als es der Kolonialismus je war. Sie erlauben, die Kontrolle zu behalten, ohne eine Armee losschicken oder eine Verwaltung unterhalten zu müssen.«

SUSAN GEORGE, POLITIKWISSENSCHAFTLERIN

Astana, das zwischen 2019 und 2022 zu Ehren des langjährigen Präsidenten Nursultan Nasarbajew Nur-Sultan hieß, ist die Hauptstadt Kasachstans und die zweitgrößte Stadt dieses riesigen, aber nur dünn besiedelten Landes. Hier an der Nasarbajew-Universität hält Xi Jinping, der gerade erst mächtigster Mann der Supermacht geworden ist, im September 2013 eine Rede, die den Startschuss für die Neue Seidenstraße gibt. Die Worte, die Xi dafür wählt, klingen ebenso mächtig wie blumig: »Jahrtausendelang schrieben die Menschen in verschiedenen Ländern entlang der Seidenstraße gemeinsam ein Kapitel der Freundschaft, das bis zum heutigen Tag überliefert wurde. (...) Es ist an der Zeit, in der eurasischen Region engere ökonomische Verbindungen zu schmieden, die Zusammenarbeit zu vertiefen und den Entwicklungsraum auszuweiten. Es ist an der Zeit, entlang der Seidenstraße eine Wirtschaftszone aufzubauen. Dafür ist eine Reihe gemeinsamer Schritte erforderlich, zum Beispiel die Verbesserung der Kommunikation über politische Absichten und die Koordination solcher Schritte, die Stärkung und der Ausbau der Verkehrsverbindungen, die Förderung des unbehinderten Handels und die Stärkung der Geldkreisläufe. Es ist an der Zeit, die Seidenstraßen wiederzubeleben.«

Einen Monat später erwähnt Xi Jinping auf einer Südostasien-Tour auch den Begriff der »Maritimen Seidenstraße«. Die Länder der Region hätten »ein gemeinsames Schicksal« und sollten stärker »von der Entwicklung Chinas profitieren«, sagt Xi vor dem indonesischen Parlament in Jakarta. Und in Malaysia spricht er davon, dass die »Neue Seidenstraße« eine Win-win-Strategie für die Nationen Südostasiens sei. Seit der Antike sei die Region ein wichtiger Umschlagplatz und eine Handelsroute gewesen, auf der China Seide und andere Waren verkaufte.

Einige Jahre später, im Mai 2017, überbietet sich Xi Jinping nochmals: »Die Initiative könnte die Welt verändern. Austausch wird an die Stelle von Entfremdung treten. Gegenseitiges Lernen voneinander wird Zusammenstöße ersetzen, wie Koexistenz Überlegenheitsgefühle.« Die Neue Seidenstraße werde »der menschlichen Zivilisation Glanz verleihen« und gar beim Aufbau einer »neuen Ära der Harmonie und des Handelns« helfen. Er stellt Kredite in Höhe von acht Billionen US-Dollar für 68 Länder in Aussicht – eine unglaubliche Summe. Das neue »chinesische Zeitalter« werde all die Lücken füllen, die in den vergangenen Jahren IWF und Weltbank hinterlassen hätten. Es sei das »Projekt des Jahrhunderts«. Auch Anfang 2023 findet man in der »China Daily«, einem Sprachrohr der Kommunistischen Partei, zum zehnjährigen Jubiläum des Projekts überschwängliche Würdigungen der Neuen Seidenstraße beziehungsweise der Belt-and-Road-Initiative.

Das Projekt deckt sich mit der Regierungszeit des mittlerweile mindestens zweitmächtigsten Mannes der Welt. Sie soll sein geopolitischer Fußabdruck werden und China zurück ins Zentrum der Weltbühne katapultieren.

Xi Jinping hat im Frühjahr 2012 nach einem spektakulären Machtkampf die Spitze des chinesischen Regierungsapparats erklommen. Sein Widersacher Bo Xilai war über ein Mordkomplott an einem britischen Geschäftsmann gestolpert und von Xi politisch eliminiert worden. Kurz darauf begann er, seine Macht mit einer »Anti-Korruptionskampagne« zu festigen, die sich vordergründig gegen bestechliche Kader richtete, aber vor allem zum Ziel hatte, parteiinterne Widersacher loszuwerden. Xi schien zu dieser Zeit den wirtschaftsfreundlichen Kurs der Vorgängerregierungen und die Politik der Öffnung zu garantieren. Erst mit der Zeit wurde Beobachtern im Westen klar, dass Xi nach einer immer größeren Machtfülle strebte und ein neues autoritäres Kapitel in der Geschichte Chinas begonnen hatte. Xi intensivierte die Zensur und machte China zum digitalen Überwachungsstaat. Er ging gegen die wachsende Macht privater Tech-Konzerne vor, zum Beispiel indem er Jack Ma kaltstellte, den Gründer von Chinas größtem IT-Unternehmen Alibaba.[1] Vor allem aber machte er sich selbst quasi zum Alleinherrscher: Im Oktober 2022 ließ er vom Parteikongress die in den 1980er Jahren eingeführte Amtszeitbegrenzung des Präsidenten aufheben und sich eine dritte Amtszeit bestätigen. Xi gilt heute als der mächtigste chinesische Präsident seit Mao Zedong. Unter Xi veränderte sich auch das außenpolitische Auftreten Chinas. Peking zeigte sich ab 2012 aggressiver, wenn es um Ansprüche auf unbewohnte Inseln im Ost- und Südchinesischen Meer ging, und verschärfte die Rhetorik gegenüber Taiwan. Die Rüstungsausgaben Chinas steigen ohnehin jedes Jahr um mehrere Prozent. Zugleich wurden Chinas Unternehmen im Ausland immer aktiver. China hatte Geld, viel Geld, und war innerhalb von zwei Jahrzehnten von einem Entwicklungsland zur zweitgrößten Volkswirtschaft gewachsen. Für Xi Jinping ging es darum, diese Macht nach außen zu projizieren. Daran hat sich bis heute nichts geändert.

Doch zunächst wurde Xis Initiative im Ausland weitgehend beklatscht. Von den geopolitischen Spannungen, die

1 Nachdem Ma im Oktober 2020 das chinesische Bankensystem kritisiert hatte, dem er mit dem Börsengang seines Unternehmens Ant Financial Konkurrenz machen wollte, verschwand er für einige Monate aus der Öffentlichkeit. Der Börsengang von Ant wurde abgesagt. Jack Ma soll heute in Japan leben und sich hauptsächlich seinem Hobby, der Seidenmalerei, widmen.

2016 mit der konfrontativen China-Politik von US-Präsident Donald Trump begannen, war noch nichts zu merken. Weltweit, besonders in Deutschland, feierte man die Superlative, die jedes Jahr mit an Sicherheit grenzender Wahrscheinlichkeit aus Peking vermeldet wurden: mehr Handel, mehr »Konnektivität«, mehr Verbindungen, mehr Straßen, egal ob physischer oder digitaler Natur – all das schien positiv.

Selbst Bestseller-Autoren wie Peter Frankopan ließen sich von dieser Begeisterung anstecken. Er begeistert sich in seinem Buch »Die Neuen Seidenstraßen« für die bei der chinesischen Propaganda so beliebten Zahlenmonster: So lebten entlang der Neuen Seidenstraße »4,4 Milliarden Menschen, mehr als 63 Prozent der Bevölkerung, die 29 Prozent des globalen BIP erwirtschaften.« Und so geht das noch einige Seiten im besten Xi-Jinping-Sprech weiter.

Nun haben es chinesische Projekte so an sich, dass sie stets ebenso wortgewaltig wie blumig getauft werden, dass man darunter alles und nichts verstehen kann. So ist es auch bei der Neuen Seidenstraße. »Was China besonders gut kann, ist, Visionen groß anzukündigen. So war es auch bei der Neuen Seidenstraße«, sagt Jörg Wuttke, Präsident der Europäischen Handelskammer in Peking und China-Kenner seit Jahrzehnten. Doch wann immer man versucht, eine dieser Visionen exakt zu definieren, stößt man auf Unklarheiten und Unschärfen.

Das beginnt schon einmal beim Namen Neue Seidenstraße. Denn neu ist die Wiederbelebung des historischen Begriffes nicht: So gab es zum Beispiel zwischen 1988 und

1998 ein Programm der UNESCO namens »Seidenstraße – Straße des Dialogs«, um das historische Erbe des Handelswegs zu pflegen. Ebenfalls in den 90ern initiierte der ehemalige Außenminister der Sowjetunion und damalige Präsident Georgiens, Eduard Schewardnadse, ein Projekt namens »New Silk Road – TRACECA«. Es sollte die Staaten Zentralasiens enger mit Osteuropa verknüpfen. 1994 gründeten 34 Länder der Region eine Seidenstraße-Initiative, um den Tourismus zu fördern. Und 1999 verabschiedete der US-Kongress den »Silk Road Act«, um die Länder des Kaukasus und Anrainer des Kaspischen Meeres zu fördern. 2011 sprach die damalige Außenministerin Hillary Clinton von einer »New Silk Road Initiative«, um Afghanistan besser in die Region einzubinden.

Was genau den Kern von Chinas Jahrhundertprojekt darstellt, lässt sich auch deshalb so schwer fassen, weil verschiedene Namen dafür kursieren. Statt von der »Neuen Seidenstraße« ist genauso oft von der »One-Belt-One-Road-Initiative« zu lesen, kurz OBOR, oder von der Belt-and-Road-Initiative (BRI). Auf Mandarin ist von »Yidai – Yilu« die Rede, »ein Gürtel, eine Straße«. Die Maritime Seidenstraße wird häufig mit MSR für »Maritime Silk Road« abgekürzt. In diesem Buch werden die verschiedenen Begriffe und Abkürzungen weitgehend synonym benutzt. Sie meinen dasselbe: Es geht um Chinas Investitionen im Ausland und um Pekings neuen Einfluss auf die Empfängerländer der vermeintlich großzügigen Kredite.

Die Unschärfe setzt sich fort, wenn man versucht, Xi Jinpings Vision geografisch einzugrenzen. Denn auch hier franst die Neue Seidenstraße aus. Sie entzieht sich einer exakten Definition, je genauer man sie betrachtet.

Die alte Seidenstraße umfasste insbesondere die Länder Zentralasiens. Sie begann im heutigen China, führte über das heutige Kasachstan, Usbekistan und Turkmenistan durch den Iran oder nördlich um das Kaspische Meer herum und endete grob gesagt im heutigen Syrien und der Türkei. Der Seeweg, also das, was sich als »Maritime Seidenstraße« bezeichnen lässt, war eine eher sporadisch genutzte Ausweichroute, wenn der Landweg mal wieder zu gefährlich und teuer geworden war. Außer den gewaltigen Schiffsexpeditionen von Zheng He im 15. Jahrhundert bestand diese aus Etappen, von denen nur die wenigsten Händler alle absolviert haben dürften. Sie führte zunächst nach Süden in Richtung Vietnam, durch die Straße von Malakka, dem heutigen Singapur, nach Indien und Sri Lanka und von dort aus in den Persischen Golf und manchmal auch nach Ostafrika.

Die Neue Seidenstraße aber reicht mal von Chongqing bis nach Duisburg, mal von Hangzhou bis in den Senegal. Mal fallen alle chinesischen Investitionen in Afrika von Madagaskar bis zum kleinen Inselstaat São Tomé e Príncipe darunter. Mal zählen südamerikanische Länder wie Chile und El Salvador dazu, mal geht es nur um den Landweg von China nach Europa. Ebenso unklar ist, ob die Maritime Seidenstraße insbesondere Chinas Investitionen in Südasien meint, oder ob eigentlich die Ölversorgung via Pipelines durch Pakistan und Myanmar im Vordergrund steht, um das Nadelöhr von Singapur zu umgehen.

Derzeit lässt sich nur sagen, dass das Projekt Neue Seidenstraße viel mehr umfasst als die Länder Zentralasiens, durch die die alte Seidenstraße führte. Selbst von einer »Polaren Seidenstraße« ist oft die Rede, wenn es darum geht, Chinas Ambitionen am Nordpol zu beschreiben. Immerhin lässt das Synonym Belt-and-Road-Initiative eine wesentlich breitere geografische Deutung zu. Aber auch die ist unscharf, kann mal alles und dann wieder nichts sein: China hat nie eine offizielle Karte der Routen oder irgendeine Liste von Projekten veröffentlicht. Es gibt weder eine Liste der beteiligten Länder noch offizielle Richtlinien, was eine Mitgliedschaft bedeutet.

Auch zeitlich ist die Neue Seidenstraße längst nicht so eindeutig einzugrenzen, wie es die Propaganda der Kommunistischen Partei Chinas suggeriert. 2013 benutzte Xi Jinping erstmals den Begriff. Aber eine Landverbindung für den Güterverkehr von Südchina nach Hamburg existierte schon seit 2008 und verlief durch Russland, Belarus und Polen. Auf der oft zitierten Verbindung von Chongqing nach Duisburg via Kasachstan fuhren 2011 die ersten Züge – zwei Jahre vor dem Startschuss der Neuen Seidenstraße. Zudem schloss die Initiative zeitlich lückenlos an die »Go West«-Strategie der Regierung an. Unter dem Namen »Xibu Dakaifa«, übersetzt so viel wie »Entwicklung des Westens«, hatte Peking eine wirtschaftliche Erschließung und bessere Anbindung Zentral- und Westchinas gefördert, nachdem eine große Einkommenslücke zwischen den Metropolen an der Ostküste und dem kaum entwickelten Binnenland klaffte. Diese dann auf angrenzende Nachbarländer wie Kasachstan auszuweiten, lag nahe.

Auch dass chinesische Unternehmen vermehrt im Ausland aktiv sind und investieren, ist nicht wirklich neu. Die Expansion begann schon 1999 als Teil der »Going-out«-Strategie. Zuvor galt die Devise von Deng Xiaoping: »Sich zurückhalten und die eigene Stärke verstecken.« Die beiden staatlichen Banken Exim und die China Development Bank sollten chinesische Firmen dabei unterstützen, im Ausland Fuß zu fassen. Auch hier bestand bereits das Problem der Überproduktion und der sich anhäufenden Währungsreserven. Auch hier war man sich bewusst, dass man sich den Nachschub von Energie und Rohstoffen irgendwie sichern musste. Im Unterschied zur BRI aber waren die meisten der Kredite, die Peking im Ausland vergab, in Renminbi nominiert und nicht selten zinslos. Oft ging das Geld an politische Verbündete und Alliierte. Schon vor Start der Seidenstraße belohnte Peking wohlgesinnte Staaten und Alliierte mit hohen Krediten. Und selbst unter Mao betrieb die Volksrepublik eine aktive Investitionspolitik, wobei damals vielmehr von Entwicklungs- und »sozialistischer Bruderhilfe« die Rede war.

Nachdem die Finanzkrise 2008 die westliche Welt erschütterte, deren Schockwellen später in Form einer Schuldenkrise die Südländer der EU erreichten, nahmen Chinas Investitionen in europäische Infrastruktur zu. So kaufte sich die chinesische Reederei Cosco schon 2009 in den Hafen von Piräus ein (die Mehrheit erwarb sie 2016).

Zwar sieht man eine deutliche Zunahme der chinesischen Auslandsinvestitionen gerade in den Jahren 2013 bis 2015. Aber es ist auch nicht so, dass Pekings Investitionen erst mit der Ausrufung der Neuen Seidenstraße begannen.

Mitte 2015 hatte die chinesische Entwicklungsbank China Development Bank (CDB) auf jeden Fall nach eigenen Angaben 890 Milliarden US-Dollar für 900 Projekte bereitgestellt. Und die chinesische Export-Import Bank (Exim) sprach von 1000 Projekten in 49 Ländern. Aber wer kann schon die Frage beantworten, ob die Geldflüsse aufgrund der Kampagne zunahmen, oder ob man eine bereits laufende Entwicklung einfach mit einem Stempel »Neue Seidenstraße« versah, weil der Präsident Xi Jinping dies verkündet hatte.

Wohl niemand weiß genau, wie viel Geld in dieses Projekt bisher geflossen ist. Peking hält sich bedeckt, und es ist nicht unwahrscheinlich, dass man selbst innerhalb der Partei den Überblick verloren hat.

Nicht einmal über die Art der Investitionen herrscht Klarheit. Zwar stehen nach wie vor große physische Infrastrukturprojekte im Zentrum der Strategie. Aber mittlerweile sind auch eine »Digitale« und eine »Grüne Seidenstraße« hinzugekommen. In der Anfangszeit der Corona-Pandemie, als China noch Masken und Schutzkleidung ins Ausland lieferte, war sogar von einer »Seidenstraße der Gesundheit« die Rede. In gewisser Weise scheint alles, was die Kommunistische Partei Chinas im Ausland treibt, unter dieses Label zu passen. Und tatsächlich eignet sich der zu romantischen Träumen einladende Begriff

Seidenstraße bestens dazu, einen orientalischen Schleier über die Wirklichkeit zu legen.

Die Sinologin Anja Senz schreibt, dass sich der Begriff anbot, um sowohl im Ausland als auch im Inland positive Assoziationen zu wecken: »Als Symbol für den mit den Handelsrouten verbundenen kulturellen Austausch erlauben sie eine positive Darstellung außenpolitischer und wirtschaftlicher Interessen. Für die Verantwortlichen in China signalisieren sie ideologisch die Schwerpunktsetzung der Regierung.« Das vage Konzept sei erst nach und nach mit lokalen Plänen gefüllt worden. So hätten nach Xis Ankündigung immer mehr chinesische Provinzfürsten versucht, sich als Teil der BRI zu präsentieren, von Xinjiang an der Grenze zu Kasachstan bis nach Shenzhen im Südosten des Landes. Denn das Konzept bietet eben gerade aufgrund seiner Vagheit im paranoiden politischen Klima Chinas die Möglichkeit, sich ideologisch richtig zu positionieren.

Dass eine enge Definition vermieden wird, beklagen auch viele international tätige europäische Unternehmen. Sie berichten davon, dass es von Anfang an schwer gewesen sei, an Informationen zu kommen.

Wenn also nicht einmal die Namensgebung des Projekts in irgendeiner Weise neu, originell oder gar revolutionär ist und die Inhalte schwammig und kaum greifbar sind – was genau ist die Neue Seidenstraße überhaupt?

Der wohl kleinste gemeinsamer Nenner all dieser Aktionen ist eine geopolitische Strategie Chinas, um seinen Einfluss über die eigenen Landesgrenzen hinweg auszudehnen.

»Die BRI ist weniger wirtschaftlich motiviert, es geht um Machtausübung«, meint EU-Handelskammer-Präsident Wuttke. »Die BRI ist keine multilaterale Geschichte – Ziel ist es, den Einfluss Pekings auszuweiten.«

Trotz globaler Aktivitäten liegt der Schwerpunkt auf dem eurasischen Raum, und dort kann man sechs Transportkorridore ausmachen: einer führt über die Mongolei nach Russland, ein zweiter über die zentralasiatischen Staaten, insbesondere Kasachstan, nach Europa. Ein dritter soll die südasiatischen Anrainerstaaten wie Vietnam und Thailand enger an China binden, ein vierter führt etwas weiter westlich durch Myanmar und Bangladesch. Ein fünfter verbindet Xinjiang mit Pakistan und dem Persischen Golf, und ein sechster führt Richtung Westasien durch den Iran in die Türkei.

Die Strategie der Neuen Seidenstraße folgt oft, aber nicht immer einem Prinzip: Peking verteilt großzügig Kredite, bevorzugt für Schwellen- und Entwicklungsländer, die auf Investitionen in die Infrastruktur angewiesen sind. Meist handelt es sich um Großprojekte wie Bahnstrecken, Straßen, Häfen und Flughäfen, die diese Länder ohne fremde Hilfe nicht stemmen könnten.

Die seit 2013 vor allem in US-Dollar laufenden Kredite aber beinhalten oft, dass mit dem Bau der Großprojekte chinesische Staatsunternehmen beauftragt werden, die wiederum chinesische Mitarbeiter beschäftigen. Nur in seltenen Fällen werden Unternehmen aus anderen Ländern beauftragt. Laut einer Studie des Center for Strategic and

International Studies mit dem Titel »Reconnecting Asia Project« gingen 90 Prozent aller BRI-Aufträge an chinesische Unternehmen.

In manchen Fällen werden die Projekte selbst als Sicherheit für die Kredite genommen, manchmal dienen dafür auch Bodenschätze oder Schürfrechte. Im Idealfall aber soll daraus eine Win-win-Situation entstehen. China hilft kleinen Staaten mit Großprojekten, die sonst niemand finanzieren würde, und fördert so die wirtschaftliche Entwicklung. Die Nachfrage hierfür gibt es: Laut der Asiatischen Entwicklungsbank (ADB) braucht allein der asiatische Kontinent bis 2030 Investitionen in Höhe von 26 Billionen US-Dollar in Strom, Wasser und Telekommunikation. Das Geld hierfür stellen vor allem fünf Banken bereit: die China Development Bank (CDB), die Export-Import Bank of China (EXIM), die Industrial and Commercial Bank of China (ICBC), die Bank of China (BoC) und die China Construction Bank (CCB). Bis 2018, so schätzte es eine Studie der Europäischen Handelskammer, hatten diese zusammen rund 650 Milliarden US-Dollar vergeben und damit über 800 Projekte finanziert.

Peking verleiht US-Dollar und will solche zurück. Im Gegenzug bindet Peking diese Staaten wirtschaftlich enger an sich, kann Energie- und Rohstoffe dort einkaufen und transportieren und erhält im Idealfall auch noch eine gute Rendite auf das verliehene Geld. Nicht immer aber läuft dies so.

Ein großes Problem dabei ist die Intransparenz. Peking veröffentlicht keine umfassende Liste oder Details über das verliehene Geld. Dies könnte in der nahen Zukunft zu einem globalen Problem werden, da immer mehr Empfängerländer in Zahlungsschwierigkeiten geraten.

Keine große Rolle spielen chinesische Privatunternehmen. Wenn es um die BRI oder die Neue Seidenstraße geht, kommen Staatsunternehmen oder hybride staatsnahe Unternehmen wie Huawei zum Zuge, und deren Bilanz ist wesentlich durchwachsener. Sie zählen zu den größten Unternehmen weltweit und haben zahlreiche Töchter und Beteiligungen. Weil die Partei über diese Unternehmen direkt Einfluss auf andere Staaten nimmt, ergibt sich daraus eine geopolitische Problematik. Es geht eben nicht (nur) um den freien Wettbewerb und den Aufstieg eines Landes zur Elite der Industrienationen, sondern um Machtausübung – mal mehr, mal weniger verdeckt. Zwar könnte man argumentieren, dass »der Westen« via Weltbank und Internationalem Währungsfonds ähnlich Einfluss ausübe. Allerdings entzieht sich Peking eben auch oft multilateralen Organisationen und betreibt über die Neue Seidenstraße eine nationalistische Machtpolitik. Das beklagt auch die Europäische Handelskammer in einer Studie aus dem Jahr 2020: Europäische Unternehmen kommen bei den Ausschreibungen nicht zum Zuge und werden höchstens als »Lückenfüller« miteinbezogen, wenn chinesische Unternehmen nicht weiterkommen. Insgesamt bereitet die Neue Seidenstraße deswegen europäischen Unternehmen eher Sorgen, da sie den Wettbewerb und die Transparenz in einer globalisierten Welt untergräbt.

Anders als Vorgänger-Projekte wie die Going-out-Strategie ist die Neue Seidenstraße eng mit der Person des chinesischen Staatsführers verknüpft. Das macht es einerseits in China sehr schwer und gefährlich, sie zu kritisieren. Andererseits schafft es Anreize für ehrgeizige Beamte und Manager, das Etikett Neue Seidenstraße für alles Mögliche zu benutzen.

Die Neue Seidenstraße ist keine Entwicklungshilfe. Chinas Investitionen im Ausland sind weder uneigennützig noch von moralischen, ethischen Werten geprägt. Und genau darin liegt eine große Herausforderung für die westliche Welt. Denn das Geld aus Peking fließt oft auch in Länder, die von liberalen Demokratien und ihren Institutionen gemieden werden. Es geht in die Hände korrupter Politiker, in autoritäre Staaten mit mieser Menschenrechtsbilanz und in Länder, die sich nicht um Umweltstandards und Nachhaltigkeit scheren. Am deutlichsten zeigt sich dies wohl am Beispiel Sri Lanka.

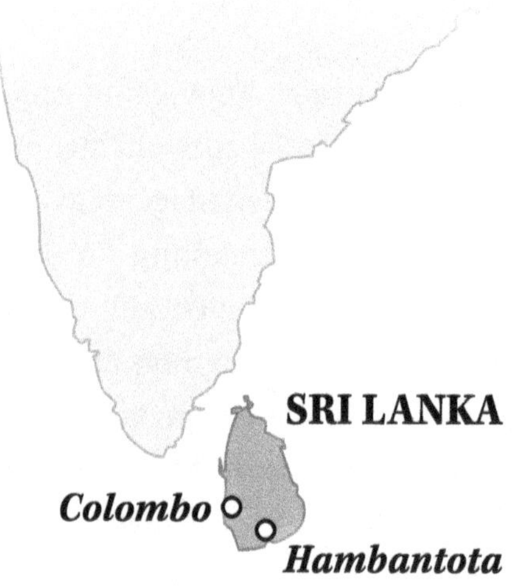
SRI LANKA
Colombo
Hambantota

3.

VOR ORT IN SRI LANKA: WEISSE ELEFANTEN UND DIE SCHULDENFALLE

»Ein Weißer Elefant ist ein Bauwerk, über das der Besitzer nicht verfügen kann und dessen Kosten, insbesondere für den Unterhalt, in keinem Verhältnis zum Nutzen stehen.«
OXFORD ENGLISH DICTIONARY

Die Luft hängt schwer und schwül über der Colombo Port City, einer 270 Hektar großen, mit Sand aufgeschütteten Fläche vor den Toren der Hauptstadt Sri Lankas. Die Regierung hat große Pläne für das Areal: Ein hypermodernes Business-Viertel soll hier entstehen. Aber davon ist noch nichts zu sehen, und zur Zwischennutzung hat man eine Golf-Shooting-Range und einen Quad-Park errichtet. »Am Wochenende spielen hier die Chinesen«, sagt ein kleiner, etwas rundlicher Mann, während er dem Fotografen und mir gegen ein paar Rupien die Golfschläger in die Hand drückt. Die Ausrede, wir seien hier, um ein paar Bälle zu schlagen, mussten wir den Sicherheitsleuten am Eingang erzählen, um überhaupt auf das Gelände vorgelassen zu werden. Die zuständige chinesische Firma hatte zwar einem Interview via Zoom zugestimmt, nicht aber einem Besuch des Geländes.

Dann taucht unvermutet eine Gruppe von Teenagern auf – es handelt sich um die Golf-Nationalmannschaft von Sri Lanka. Die Bälle zischen durch die dicke Luft, durch die der Lärm aus der umtriebigen Millionenstadt Colombo nur gedämpft herüberdringt.

Es ist eine unwirkliche Szenerie, die noch absurder wirkt, wenn man einen Blick auf die Pläne wirft, wie die Colombo Port City eines Tages aussehen soll. Sie zeigen ein futuristisches Manhattan in den Subtropen, schlanke Wolkenkratzer, die sich aus Grünanlagen in die Höhe schrauben – eine Art Mini-Singapur an der Südspitze des Indischen Subkontinents, das der 500.000-Einwohner-Stadt Colombo einen hypermodernen Anstrich geben soll. 2011 begann der Bau des Projekts, Milliarden soll es kosten.

Doch seit Jahren gibt es hier nichts außer einem Haufen Sand und ein paar Baukränen. Der Verdacht drängt sich auf, dass es vielleicht mit der Colombo Port City genauso laufen könnte wie mit dem wahrscheinlich berüchtigtsten Projekt der Neuen Seidenstraße, dem Hafen von Hambantota im Süden Sri Lankas.

Hambantota ist die Negativ-Blaupause für so ziemlich alle Projekte der Neuen Seidenstraße. Der Hafen ist ein Musterbeispiel dessen, was man einen »Weißen Elefanten« nennt: eine weitgehend sinnlose Investition, ein Milliardengrab. Im Grunde taugt er für nichts weiter als ein geopolitisches Einfallstor für Peking. Das Muster: Peking vergibt Kredite und eignet sich – wenn das Empfängerland nicht mehr zahlen kann – Staatseigentum an. Als Peking den Hafen 2017 konfiszierte, geriet das Thema erstmals in den Fokus internationaler Medien. Es brachte China in Verruf, eine »Schuldenfallen-Diplomatie« zu betreiben. Vergibt das Regime bewusst Kredite an andere Länder, um diese in eine Abhängigkeit zu treiben? Ist China also ein »boshafter Geldverleiher«, der seine Projekte als eine Art Entwicklungshilfe tarnt, aber eigentlich als Vehikel benutzt, seinen Einfluss geostrategisch auszubauen? Die Antwort ist – wie so oft – komplexer. Zunächst aber geht es um die Frage, wie es überhaupt dazu kommen konnte, dass Peking einen Hafen des kleinen Landes übernahm.

Sri Lanka, die Insel an der Südspitze Indiens, ist vom chinesischen Festland über 5000 Kilometer Luftlinie entfernt. Die Insel liegt aber strategisch günstig auf halbem Weg zwischen Ostasien und dem rohstoffreichen Afrika sowie dem Persischen Golf – und damit auf einer der wichtigsten Handelsrouten der Welt. Das war schon im 15. Jahrhundert der Grund, weshalb der berühmte chinesische Admiral Zheng He hier anlegte und sich in die lokale Machtpolitik einmischte. (Er entführte unter anderem den König der Insel nach China.) Rund 100 Jahre später folgten die Portugiesen, die das Fort Galle, eine Festung an der Südspitze der Insel, errichteten, das heute als Touristenattraktion bekannt ist. Ende des 18. Jahrhunderts kamen die Briten mit der Ostindien-Kompanie und gliederten das Land als Teeanbaugebiet in ihr stetig wachsendes Imperium ein. Tee aus »Ceylon«, wie die Insel früher hieß, ist noch immer eines der wichtigsten Exportgüter Sri Lankas. 1948 wurde das Land wie viele britische Kolonien unabhängig und 1972 in Republik Sri Lanka umbenannt. Von 1983 an litt das multiethnische und multireligiöse Land unter einem Bürgerkrieg, der erst 2009 endgültig beigelegt werden konnte.

An Rohstoffen hat Sri Lanka wenig zu bieten. Zwar exportiert das Land Tee und Edelsteine, aber die dürften allenfalls in zweiter Linie für das Interesse verantwortlich sein, das Peking dem 22-Millionen-Staat entgegenbringt.

2008 begann der Bau des Hafens von Hambantota im Süden des Landes. Das Geld kam von chinesischen Banken, und den Auftrag, den Hafen zu bauen, wiederum bekamen chinesische Unternehmen. Verantwortlich dafür waren vor allem zwei chinesische Staatsunternehmen, die China Harbor Engineering Company (CHEC) und die Sino Hydro Corporation. Rund 1,3 Milliarden US-Dollar kostete das Projekt anfangs, bis 2012 wuchsen die Kosten auf 1,5 Milliarden und schließlich 1,8 Milliarden. Das Geld sollte bis 2036 zurückgezahlt werden. Immerhin: Schon 2011 konnte der Hafen die Arbeit aufnehmen. Das wurde als Erfolg gewertet, und ein Jahr später hatte man sogar mit einer Ausbauphase begonnen.

So ging es allerdings nicht weiter. Denn schon relativ schnell stellte sich heraus, dass der Hafen viel weniger

Geld einbrachte als erwartet. Im Gegenteil – er machte sogar Verluste. In der gleichen Zeit aber musste die Regierung von Colombo sowohl den Kredit abstottern als auch hohe Zinsen dafür bezahlen. Spätestens im Dezember 2016 wurde klar, dass der Hafen wohl nie so profitabel sein würde, wie es die Studien suggeriert hatten. Die Regierung konnte ihren Zahlungsverpflichtungen nicht nachkommen und einigte sich mit der China Merchants Port Holdings Company (CMPort) auf eine Restrukturierung.

Es kam zu einer Verpachtung an die neu geschaffenen Unternehmen Hambantota International Port Group (HIPG) und Hambantota International Port Services (HIPS) für die kommenden 99 Jahre (was wie ein Echo auf die erzwungene Verpachtung von Hongkong an die Briten Ende des 19. Jahrhunderts klingt). Dahinter aber steckte die CMPort, die nun abermals 1,1 Milliarden US-Dollar investierte, um die Mehrheit der Anteile an den beiden neuen Gesellschaften zu kaufen. Um es kurz zu machen: Besonders unvorteilhaft ist der Deal, weil er die Regierung von Sri Lanka nicht von ihren Verpflichtungen befreit. Ein Teil der Schulden muss weiter zurückgezahlt werden, während der Hafen von Hambantota nun in chinesischer Hand ist.

Rentabel ist der Hafen bis heute nicht: Rund 400 Schiffe laufen ihn derzeit im Jahr an. Zum Vergleich: Im Hafen von Colombo sind es 4000 Schiffe. Zudem wurden im 200 Kilometer nördlich gelegenen Hafen zwei Tiefwasser-Terminals gebaut. Es gibt also nicht mehr viele Gründe, in Hambantota anzulegen. Außer vielleicht, um Öl abzuholen. CMPort ist nämlich eine Kooperation mit dem chinesischen Ölkonzern Sinopec eingegangen und bunkert dort Erdöl.

In den Hafen wird man mittlerweile nicht mehr reingelassen. Die Zufahrt ist gesperrt, Sicherheitsleute bewachen die Einfahrt. Zu viele Leute hätten sich einen Spaß daraus gemacht, das leere Meer zu fotografieren und sich auf Social Media über das Projekt lustig zu machen, erzählt einer der Wachmänner. Nur von dem kleinen Fischerdorf kann man einen Blick auf den Tiefseehafen erhaschen. Hambantota ist eine kleine, arme Stadt. Nicht mehr als 12.000 Menschen leben hier. Selbst an einem Markttag geht es gemächlich zu. Die Häuser sind klein, die Menschen schlendern langsam durch die Gassen. Hambantota war stets ein armer Teil des Landes. Neben einer Saline, Fischerei und wenig Ackerbau ist an der besonders heißen und trockenen Südspitze der Insel nicht viel los. Eine Naturreservat mit Elefanten gibt es, seit ein paar Jahren durchschnitten von einer Schnellstraße.

Besichtigen kann man immerhin den nur wenige Kilometer entfernten Flughafen von Hambantota. Der »Mattala International Airport« wurde ebenfalls mit einem chinesischen Kredit von 190 Millionen US-Dollar gebaut. Statt leerer Hafenkais gibt es hier eine verwaiste Landebahn zu sehen – nur eine Handvoll Flugzeuge steuern den Airport an. In China gilt oft das Prinzip: Erst mal bauen, die Leute kommen später. In einem boomenden Land wie China funktioniert das oft, wenn auch nicht immer. Der Flughafen von Hambantota aber steht sechs Jahre nach Eröffnung noch immer leer. Das heißt: Ein paar Leute kommen schon, aber es sind Besucher und Touristen mit einem skurrilen Sinn für Humor: Sie machen einen Sonntagsausflug zu einem leeren Flughafen. Die Sicherheitsleute am Eingang durchsuchen die Taschen, als könne tatsächlich jemand Sprengstoff hineinschmuggeln, um ein Flugzeug in die Luft zu sprengen. Es ist bloß keines da. Drinnen erklärt uns eine Sicherheitsangestellte, dass heute kein Flug gehe. Auch nicht diese Woche. Und sonst eigentlich auch nicht.

Warum, fragt man sich, hat Peking ausgerechnet in der strukturschwächsten Region eines strukturschwachen Landes so viel Geld investiert? Und warum hatte das kleine Sri Lanka keine besseren Verwendungszwecke für die Milliarden?

Vor dem Jahr 2000 gab es keine nennenswerten Investitionen Pekings in Sri Lanka. Laut einer Studie der Verité Research Group aus Sri Lanka flossen zwischen 2005 und 2009 nicht mehr als zwei Millionen US-Dollar von Peking nach Colombo. Dann aber wurden aus Millionen plötzlich Milliarden. Es drängt sich die Frage auf, weshalb sich die verantwortlichen Politiker darauf einließen.

Eine Antwort darauf hat Champika Ranawaka, Energieminister des Landes zwischen 2015 und 2019. Er empfängt mich in seinem Haus in einer gehobenen Wohngegend von Colombo. Der hochgewachsene Mann trägt einen schneeweißen Kaftan. Bevor er etwas zu den chinesischen Projekten sagt, holt er zu einem geschichtlichen Diskurs aus. Es geht über den Kolonialismus der Portugiesen, Holländer und Engländer, die einst die Wirtschaft des Landes zerstört hätten. Themen, um die viele Gespräche mit Menschen im »Globalen Süden« kreisen, wenn es um chinesische Investitionen geht. Über Jahrhunderte haben sich fremde Mächte am Reichtum des Landes bedient. Die Erinnerung daran hat sich tief in das kollektive Gedächtnis eingegraben. Nicht selten reicht sie in Zeiten zurück, in denen der europäische Kolonialismus noch keine Rolle spielte. Zuvor waren es Perser, Araber, Inder oder Chinesen, die plünderten oder als vermeintlich überlegenere Kultur ihre Werte und Waffen brachten. Viele Menschen in diesen Ländern fühlen sich in einer Sandwich-Position zwischen einem neuen Krieg der Supermächte. Im »Great Game« des 21. Jahrhunderts heißt der Gegenspieler der USA eben China. »Wir möchten uns aber nicht auf eine Seite schlagen in diesem neuen Kalten Krieg. Wir möchten neutral bleiben und das tun, was am besten für uns ist«, sagt Ranawaka.

Deswegen will er auch an der aktuellen Misere nicht Ausländern die Schuld geben, sondern die Ursache im eigenen Land finden. Verantwortlich für all das sei der Rajapaksa-Clan.

Mahinda Rajapaksa regierte das Land von 2005 bis 2015. Seine Idee war es, aus der rückständigen und wegen ihrer Trockenheit landwirtschaftlich wenig ergiebigen Region im Süden eine »zweite Hauptstadt« zu machen. Sein 23-jähriger Sohn sollte als Abgeordneter für den Bezirk Hambantota dabei behilflich sein.

Die Rajapaksas überzeugten die China Exim Bank und

die China Development Bank, 1,5 Milliarden US-Dollar für ihre Vision lockerzumachen. Zum Tiefwasserhafen sollte der heute leerstehende Flughafen für 200 Millionen US-Dollar kommen, außerdem eine Straße vom Hafen zum Flughafen für 412 Millionen und eine Autobahn von Hambantota in die Hauptstadt Colombo für 180 Millionen Dollar. Zudem waren ein Cricket-Stadion, ein botanischer Garten, ein »Cinema Park«, eine Öl-Raffinerie und eine Reihe von Luxus-Hotels geplant. Rajapaksa soll die Vision eines internationalen Kongress-Knotenpunkts gehabt haben: Geschäftsreisende und Politiker aus der gesamten Region sollten sich in Hambantota treffen. Auch Colombo sollte nicht leer ausgehen: Der Lotus-Tower, ein sichtbarer, aber eher sinnbefreiter 350 Meter hoher Turm in der Hauptstadt, wurde Ende 2022 eröffnet.

Natürlich ging es den Rajapaksas auch darum, sich Wählerstimmen in ihrem Stammland zu sichern. Als Rajapaksa nach einem Wiederaufflammen des Bürgerkriegs 2007 auf eine militärische Lösung setzte, sprangen Geldgeber aus dem Westen ab – und Peking in die Lücke. Zwischen 2005 und 2014 flossen insgesamt 12,4 Milliarden Dollar von China nach Sri Lanka. Davon hatte allein die Rajapaksa-Regierung acht Milliarden ins Land geholt. Die Problematik fiel zunächst kaum jemandem negativ auf. Denn Sri Lanka galt als eine Art Musterstaat in der Region, beliebt bei Touristen, weitgehend demokratisch und mit Wachstumsraten von rund acht Prozent im Jahr. Warnende Stimmen gab es trotzdem. Ein Angestellter des Transportministeriums soll darauf hingewiesen haben, dass die Autobahn nach Colombo fünfmal so viel koste wie gewöhnlich.

Zu den Fehlplanungen und überzogenen Kosten trat jetzt ein zweiter verhängnisvoller Fehler. Als sich nämlich langsam abzeichnete, dass die Projekte weit hinter ihren Rendite-Erwartungen zurückblieben und Colombo in Zahlungsprobleme geriet, begann man mit dem Ausverkauf von Staatseigentum. Für 1,1 Milliarden US-Dollar Schuldenerlass gab man Peking den Tiefwasserhafen, beziehungsweise verpachtete ihn für 99 Jahre. Möglich, dass es auch noch andere Gegenleistungen gab: Denn zwischen 2006 und 2014 stimmte Sri Lanka bei UN-Versammlungen ausnahmslos im Interesse Pekings.

Dass es auch zu direkten Zahlungen chinesischer Staatsunternehmen an Rajapaksa und seine Gefolgsleute gekommen ist, bezweifelt heute kaum noch jemand. So soll ein Bote mit acht Millionen US-Dollar in bar auf dem Weg zu Rajapaksas Anwesen erwischt worden sein. Auch eine geleakte E-Mail der amerikanischen Botschaft aus dem Jahr 2010 legt nahe, dass Zahlungen direkt in die Hand Rajapaksas flossen. 2014 schließlich kam es zu einem Regierungswechsel, und damit drehte sich der Wind. Peking versuchte zwar noch mit einigen Geldgeschenken die Gunst der Öffentlichkeit zu behalten – so stiftete man 100 Millionen US-Dollar für einen Krankenhauskomplex in der Wahlheimat des neuen Präsidenten. Doch mittlerweile ist die Insel so etwas wie geläutert von der Schuldenparty, die der Rajapaksa-Clan mit Peking feierte. Und während Colombo noch immer die Kredite zurückzahlt, verrottet ein Teil der Projekte in der feuchten, salzigen Luft des Indischen Ozeans.

Der Bevölkerung Sri Lankas blieb all das nicht verborgen. Egal, mit wem man spricht, kaum jemand hat etwas Positives über die Chinesen zu sagen. Die öffentliche Meinung gegenüber China stürzte ab: Sahen 2006 noch über 40 Prozent der Menschen auf Sri Lanka China positiv, waren es zehn Jahre später nur noch knapp 20 Prozent.

All diese verhängnisvollen Fehlentscheidungen könne man nicht Peking in die Schuhe schieben, meint Champika Ranawaka, der ehemalige Energieminister. »Für die aktuellen Probleme sind wir selbst verantwortlich. Für Korruption und Misswirtschaft brauchen wir nicht den Chinesen die Schuld zu geben.«

Aber dazu muss man wissen, dass während Ranawakas Zeit als Minister Peking ein Kohlekraftwerk auf der Insel baute, das derzeit fast die Hälfte des Stroms produziert – auch dessen Kosten sollen viel zu hoch gewesen sein.

»Korruption spielt bei all diesen Projekten eine Rolle. Investitionen sind ja prinzipiell gut, nur die Projekte rentieren sich oft nicht«, sagt Imran Furkan vom Think Tank Verité Research. »Die Kosten des Kohlekraftwerks waren doppelt so hoch, die Leistung aber schlechter als geplant. Auch bei den Straßen ist das so. Schon als wir längst bankrott waren, wurden immer noch neue Projekte bewilligt.« Vieles wie der Flughafen von Hambantota ergebe nur politisch, nicht aber ökonomisch Sinn. Hinzu kommen ökologische Schäden. Der Flughafen zum Beispiel liegt in einem

Vogelbrutgebiet, außerdem brechen Elefanten immer wieder auf das Gelände ein. »Westliche Staaten verleihen das Geld verantwortungsvoller.« Allerdings fließe es langsamer und komme mit Bedingungen. Das Geld aus Peking dagegen kommt sofort, und oft in Situationen, in denen es dringend benötigt wird. Auch wenn der Vorteil für Peking nicht immer sofort ersichtlich ist, glaubt Furkan: »Die Chinesen denken und agieren langfristig.«

So sieht es auch Andreas Hergengröther. Er war lange Vorsitzender der deutschen Auslandshandelskammer in Taiwan und Sri Lanka und kennt das strategische Vorgehen Pekings gut. Heute hat er eine eigene Beratung in Colombo. »Der Hafen von Hambantota macht für China wirtschaftlich und geopolitisch Sinn«, sagt er. Er liegt auf einer der wichtigsten Schifffahrtsrouten. Öl und Gas werden vom Persischen Golf nach Ostasien gebracht und Konsumgüter von Asien nach Europa. Die Idee war es, hier auch Raffinerien für Schiffstreibstoffe und einen Umschlagplatz für Fahrzeuge aufzubauen. Dafür wollte man Reedereien und Energieunternehmen ansiedeln. Insofern ist das Projekt kein ›Weißer Elefant‹. Man kann China dieses strategische Denken nicht übelnehmen. Problematisch ist eher das Fehlen von Plänen seitens des Westens.«

Zu all den Fehlkalkulationen gesellt sich eine kaum fassbare Intransparenz. Lange Zeit war nicht einmal die genaue Höhe der Schulden bekannt: Mal war von drei, mal von zwölf Milliarden US-Dollar die Rede, mit denen Sri Lanka bei Peking in der Kreide stand. Im August 2022 sprach das Finanzministerium von Sri Lanka von insgesamt zehn Milliarden US-Dollar bilateralen Schulden, von denen die Hälfte bei China liege.

Die Situation hat 2022 nochmals an Brisanz zugenommen. Sri Lanka steckt in einer der schwersten Wirtschaftskrisen seiner Geschichte.

Die Stimmung auf dem Markt in Colombo im September 2022 ist schlecht: Seitdem das Düngemittel fehlt, ist die Ernte eingebrochen. Gemüsehändler Kanareh hackt Kohlköpfe mit einer kleinen Machete. Jeder Schlag sitzt und schneidet die äußeren Blätter des Kohls ab, bis ein glänzender, sauberer Kopf übrigbleibt. Er deutet auf den Haufen abgehackter Blätter vor ihm: »Käfer, Ungeziefer, Fäulnis«, sagt er. »Bei jedem Kohl muss ich fast die Hälfte wegschneiden.« Wenn sich nicht bald etwas ändere, drohe eine Hungersnot.

Bevor im Februar 2020 Lockdowns von China aus kommend die ganze Welt lahmlegten, war Sri Lanka ein sogenanntes »Middle-Income-Land«. So heißen Staaten, die noch nicht zu den Industrieländern aufgeschlossen haben, aber denen es wesentlich besser geht als Entwicklungsländern. Das durchschnittliche BIP pro Kopf lag bei 4000 US-Dollar – nicht viel, aber damit war Sri Lanka eben auch kein bettelarmes Land. Wie die meisten Schwellen- oder Middle-Income-Länder importiert Sri Lanka mehr, als es exportiert. Unbedingt importiert werden müssen vor allem Treibstoff und Düngemittel. Das setzt die Währung unter Druck. Um sie stabil zu halten, ist ein steter Strom von US-Dollar nötig.

Eine der wichtigsten Devisenquellen des Landes waren die Einnahmen aus dem Tourismus. Aufgrund der Pandemie-Maßnahmen aber kamen 2020 und 2021 kaum Ausländer ins Land. Diese Gelder brachen weg. Eine andere Einnahmequelle ist Tee. Doch mit dem Ukraine-Krieg brachen zwei wichtige Teetrinker-Märkte weg, Russland und die Ukraine. Aber noch etwas anderes geschah, das mit dem Krieg nichts zu tun hat. Im Sommer 2021 hatte der langjährige Präsident Gotabaja Rajapaksa ein Düngemittel-Verbot erlassen. Die Idee war nicht schlecht. »Organic Tea«, »Bio-Tee«, liegt im Trend. Wenn man nun ein Düngemittel verbietet und die gesamte Landwirtschaft Sri Lankas auf Bio umstellt, würde sich der Tee noch teurer verkaufen und mehr Devisen ins Land spülen. Außerdem könne man durch den Import-Stopp von Düngemitteln etwas Geld einsparen. Das Gegenteil war der Fall: Durch die abrupte Umstellung der Landwirtschaft brach die Ernte ein – die letzte Deviseneinnahmequelle. Nun fehlte das Geld, um Treibstoff zu importieren, und es kam im ganzen Land zu einer Energiekrise. Spätestens jetzt reichte es vielen Sri-Lankern. Sie gingen auf die Straße und jagten schließlich den Präsidenten außer Landes.

Die Bilder von Demonstranten, die im Pool des Präsidentenpalasts baden, gingen um die Welt – und führten wiederum dazu, dass noch weniger Touristen Geld ins Land bringen. Im September 2022 hat sich die Lage etwas beruhigt: Benzin wurde rationiert, 20 Liter bekommt ein Autofahrer die Woche. Das reiche aber nicht, sagt Gemüsehändler Kanareh. Viele Bauern können deswegen ihre Ware nicht mehr zum Markt bringen. Die Inflation liegt bei 80 Prozent. Der Haushalt des Landes ist überstrapaziert. Sri Lanka ist faktisch zahlungsunfähig.

In der Schulden- und Wirtschaftskrise wirken die hohen Kreditraten an China wie ein Brandbeschleuniger. »Derzeit schrumpft die gesamte Wirtschaft hier. Wir brauchen einen Schuldenerlass und hoffen, dass China zustimmt«, sagt Ex-Minister Ranawaka. Bisher will China aber lediglich neue Kredite vergeben. Und wenn es nicht zu einer Einigung kommt? Dann könnte das, was inoffiziell eh schon in Chinas Hand ist, auch offiziell »konfisziert« werden. »Verpachtungen wie im Fall des Hafens von Hambantota sind auch bei anderen Projekten denkbar«, meint Furdan vom Think Tank Verité. Die Colombo Port City zumindest, das monströse Projekt im Meer, ist ohnehin schon halb in chinesischer Hand. »Vieles ist intransparent«, sagt Furdan. »Wir können noch gar nicht wissen, wie sich das alles auswirken wird.«

Es fällt schwer, derzeit irgendetwas Gutes an den chinesischen Investitionen zu finden. Die Bilanz von rund zehn Jahren Neue Seidenstraße in Sri Lanka ist finster: Der Großteil der Projekte hat sich nicht rentiert. Colombo ist in eine Schuldenabhängigkeit von Peking geraten. Ein Teil des Staatsgebiets von Sri Lanka wird nun von Peking kontrolliert. Die massive Korruption hat zu einem Vertrauensverlust der Bevölkerung in die Politik geführt.

Weitaus schwerer zu beantworten ist die Frage, welche Intention Peking verfolgte. Ging es primär darum, ein Land in die Abhängigkeit zu treiben und sich einen Brückenkopf an einer strategisch wichtigen Schifffahrtsroute zu sichern? Dieses Vorhaben ist aus Pekings Sicht geglückt. Was aber wäre geschehen, wenn die »Feinabstimmung« dieser Investitionen besser funktioniert hätte? Wenn die chinesischen Banken mehr Machbarkeits-, Rentabilitäts- und andere Studien gefordert hätten, bevor sie die Milliarden freigaben? Was, wenn striktere Richtlinien seitens der chinesischen Staatsunternehmen die Korruption verhindert hätten? Und was, wenn sri-lankische Politiker weitsichtiger und selbstloser gehandelt hätten?

Sri Lanka ist zwar kein Entwicklungsland mehr, aber die Insel hat Investitionen in die Infrastruktur nötig. Würden sich die Autobahnen, Flughäfen und Tiefwasserhäfen rentieren, würden sie zusätzliches Wirtschaftswachstum und Arbeitsplätze generieren, die wiederum in der Bevölkerung zu einem besseren Bild der chinesischen Kreditgeber beigetragen hätten. Unterstellt man den Entscheidern in Peking gute Absichten, dann hätte mit etwas mehr Sorgfalt Sri Lanka tatsächlich das werden können, als was es die chinesische Propaganda oft anpreist: Teil einer »Perlenkette« im Indischen Ozean. Und all dies wäre für Peking weitaus vorteilhafter, denn dann müsste man sich nicht mit zahlungsunfähigen Kreditnehmern herumschlagen.

Doch angesichts all der Weißen Elefanten auf Sri Lanka stellt sich unweigerlich die Frage, ob Peking maliziöse Absichten mit all seinen Investitionen im Globalen Süden hat, oder ob Sri Lanka lediglich ein tragischer Einzelfall ist, bei dem auf verhängnisvolle Art ein paar Sachen gründlich schiefgegangen sind.

Vielleicht liegen die Antworten rund zweitausend Kilometer weiter westlich, in einem Land, das der chinesische Admiral Zheng He im 15. Jahrhundert ebenfalls besuchte, nachdem er auf Sri Lanka Station gemacht hatte. Der wohl größte chinesische Seefahrer folgte einer Route, die Peking heute als »Neue maritime Seidenstraße« wiederbeleben will. Sie war das Pendant zur Überlandstrecke von China in den Westen, der alten Seidenstraße, die jahrhundertelang den Welthandel prägte. Doch warum verfiel der alte Handelsweg kurz nach Zheng Hes Entdeckungsfahrten? Ein Blick in die Geschichtsbücher gibt Aufklärung.

USBEKISTAN
Bukhara
Samarkand

4.

DIE DREHSCHEIBE DER WELT: DIE KORREKTUR EINES FEHLERS DER GESCHICHTE

Der Seidenstraße zu folgen,
bedeutet einem Geist zu folgen. […]
Es ist nicht ein einziger Weg, sondern eine
Vielzahl davon - ein Netz der Möglichkeiten.«

COLIN THUBRON, BRITISCHER REISESCHRIFTSTELLER

Wer durch die Altstadt von Bukhara wandelt, kommt von einem prächtigen Gebäude zum nächsten: Moscheen mit türkis schimmernden Kuppeln, mit komplexen Mosaiken verzierte Gräber und gewaltige Koranschulen, in denen heute Händler Mützen, Pelze und Souvenirs an die Touristen aus der ganzen Welt verkaufen. Dazwischen bieten Stände frisch gepressten blutroten Granatapfelsaft an und gestapelte runde Fladenbrote. Alles in der Altstadt des usbekischen Bukhara erzählt den Besuchern vom vergangenen Glanz des 14. und 15. Jahrhunderts. Nicht alles davon ist echt, aber alles ist bestens restauriert und herausgeputzt. Die Magoki-Attori-Moschee nur wenige Meter abseits des Touristenstroms ist anders, gerade weil sie nicht auf Hochglanz poliert ist wie der Rest der Altstadt. Schlaff hängt ein Absperrband um den zwölf mal acht Meter großen Bau. Ein paar russische Touristen machen Selfies. Viele sind es nicht im November 2022. Die noch immer warme kontinentale Sonne gibt eine Ahnung davon, wie heiß es hier im Sommer werden kann. Nachts aber fallen die Temperaturen schon an den Gefrierpunkt, und in den Kammern der Hotels, die oft in alten Koranschulen eröffnet haben, ist es klamm und kalt.

Magoki Attori gilt als eine der ältesten Moscheen Zentralasiens, die die Stürme der Zeiten überlebt haben. Mehr noch: Angeblich steht sie auf der Stelle eines alten zoroastrischen Feuertempels. Das war die Religion des alten Persiens vor der islamischen Eroberung im siebten Jahrhundert. Anhänger des Zoroastrismus gibt es heute noch in Indien, vor allem in Mumbai, und in wenigen Exil-Gemeinden um den Globus verstreut. Parsen heißen sie dort. Queen-Sänger Freddie Mercury, geboren auf Sansibar, war einer von ihnen. Die Idee der alten persischen Religion, der Dualismus, die Aufteilung in Gut und Böse, Licht und Schatten, Himmel und Hölle, fand auch Eingang in das Christentum und den Islam. Und so berichtet die Magoki-Attori-Moschee schweigend von einer der vielen verborgenen Schichten Bukharas, die noch viel weiter in die Vergangenheit zurückreichen als die prachtvoll restaurierten Medresen und Gräber.

Bukhara in Usbekistan gilt heute als ein eher exotisches Reiseziel, auch wenn es in den vergangenen Jahren bei Bildungsreisenden aus Europa und Backpackern beliebter wurde. Außerhalb Zentralasiens dürfte es den meisten Menschen schwerfallen, die zahlreichen auf der Silbe »-stan« endenden Länder auseinanderzuhalten, geschweige denn ihre Hauptstädte zu benennen. Dabei stand die Oasenstadt Bukhara Jahrhunderte, wenn nicht gar Jahrtausende im Zentrum der bekannten Welt. Sie war Teil des Persischen Großreichs, das rund 500 Jahre lang bis zu seiner Zerstörung durch Alexander den Großen die Region vom Mittelmeer bis zum Tianshan-Gebirge prägte. Der makedonische Gottkönig scheute keine Mühen, die Region zu erobern, und gründete sogar Städte. Nach seinem Tod entstand hier das baktrische Königreich, in dem für einige Jahrhunderte griechische Kultur, buddhistische Religion und zentralasiatische Elemente verschmolzen.

Im siebten und achten Jahrhundert fegte der Sturm der arabischen Eroberung über die Region hinweg. Die Bewohner von Transoxanien, wie der Landstrich aufgrund des Flusses Oxus gennant wurde, wandten sich dem Islam zu. Nur wenige Hundert Kilometer nordöstlich von Bukhara stießen im Jahr 751 ein arabisches und ein chinesisches Heer unter Führung des koreanischen Generals Gao Xianzhi aufeinander. Die Schlacht am Talas gilt als eine der bedeutendsten der Weltgeschichte, da zwei große Kulturkreise, der islamische und der chinesische, ihre Einflusssphären für Jahrhunderte absteckten und die Turkvölker mit der Zeit zum Islam übertraten.

Kriege, Eroberungen und Plünderungen aber minderten den Reichtum der Metropolen Bukhara und Samarkand, Merw und Taschkent, Kashgar und Kokand nur vorübergehend. Denn schon bald brachte der Handel entlang der Seidenstraße den Wohlstand zurück.

Der Name »Seidenstraße« wird oft dem deutschen Geografen Ferdinand von Richthofen zugeschrieben, der ihn bei einem Vortrag in Berlin 1877 verwendete. Allerdings soll er auch schon 40 Jahre zuvor von Carl Ritter verwendet worden sein. Der Begriff bezeichnet einen Handelsweg, der sich von China bis ans Mittelmeer erstreckte und über Jahrhunderte lang die wichtigste Ader des Welthandels war. Man muss sich dies wohl weniger als eine »antike Autobahn« vorstellen, denn als ein breites Netz von Wegen und Straßen, die sich in verschiedenste Richtungen verzweigen. Reisen über die Seidenstraße waren beschwerlich und gefährlich. Sie führten tagelang durch trockene, todbringende Wüsten und über schroffe Gebirgskämme. Räuber bedrohten die Händler ebenso wie lokale Kriege oder die Willkür regionaler Herrscher. Und trotzdem waren die Gewinne hoch genug, dass immer wieder Menschen die Reise auf sich nahmen. Wann genau die ersten Karawanen den transkontinentalen Handelsweg nahmen, ist nicht sicher. Aber schon zur Bronzezeit, ab dem 3. Jahrtausend vor Christus, so legen es Funde nahe, wurden Waren auf dem eurasischen Kontinent transportiert. So fand man Lapislazuli aus dem Hindukusch in Ägypten und Jade aus dem Tarim-Becken in Zentralchina.

Ausgangspunkt der Karawanen war wohl mehrere Jahrhunderte lang die chinesische Hauptstadt Chang'an, das heutige Xi'An. Von dort durchquerten sie die Wüste Gobi und die Taklamakan. Die uigurische Stadt Kashgar, heute in der chinesischen Region Xinjiang, war ein wichtiger Knotenpunkt, von wo aus die Karawanen endgültig den islamischen Kulturkreis betraten. Die Altstadt von Kashgar, die seit einigen Jahren von Peking systematisch zerstört und durch Neubauten ersetzt wird, zeugt noch immer vom Reichtum der Handelsmetropole. Von Kashgar zweigte eine Route nach Süden durch Afghanistan Richtung Indien ab. Der größere Teil aber passierte das Tian-Shan-Gebirge im heutigen Kasachstan und steuerte von dort aus die Oasen Zentralasiens an. So wuchsen und gediehen über Jahrhunderte die Städte Samarkand und Bukhara, die durch den Zwischenhandel immer reicher wurden. Daran änderten auch die Überfälle der türkischen und mongolischen Nomadenvölker nur vorübergehend etwas. Der Fernhandel ließ auch nach großen Zerstörungen, wie durch den Mongolensturm im 13. Jahrhundert, Reichtum, Kultur und Wissenschaft immer wieder erblühen. Die darauf einsetzende »Pax Mongolica« förderte sogar nochmals den transkontinentalen Handel zwischen Asien und Europa.

Nachdem die Karawanen die prächtigen Städte im heutigen Usbekistan passiert hatten, ging es weiter in Richtung Südwesten durch Persien. Nach Merw und Hamadan erreichte man Bagdad. Dort spalteten sich die Handelswege nochmals auf. Manche führten in Richtung Ägypten weiter, andere steuerten Antiochia und Konstantinopel an, heute Antakya und Istanbul in der Türkei. Anfang des ersten Jahrtausends war wohl auch Rom eine Endstation der Karawanen aus Fernost.

Neben den Landwegen existierte auch eine weniger bedeutende Maritime Seidenstraße. Hier transportierten Schiffe wertvolle Güter aus Hangzhou, Nanjing und Quanzhou (Shanghai war damals noch ein unbedeutendes Fischerdorf) Richtung Süden. Sie umrundeten die Straße von Malakka beim heutigen Singapur und nahmen Kurs auf die Insel Ceylon und Südindien. Von dort segelten die Schiffe bei günstigen Winden bis nach Mogadischu und Mombasa im heutigen Somalia und Kenia.

Während die Karawanen auf dem Landweg nicht selten mehrere Jahre unterwegs waren und wohl nur die allerwenigsten tatsächlich die gesamte Strecke gereist sind, segelten die Schiffe im Winter von China gen Westen und Süden. Im Sommer trug sie der Südwestmonsun zurück in die entgegengesetzte Richtung.

Aufgrund der Entfernung und den damit verbundenen Gefahren mussten die zu handelnden Güter einerseits leicht transportierbar sein und andererseits hohe Gewinne abwerfen. Sonst hätte sich das gefährliche und zeitaufwendige Unterfangen nicht gelohnt. So erklärt sich auch der Name Seidenstraße, denn kaum ein Material eignete sich besser dafür als der begehrte feine Stoff. Die Herstellung von Seide war wahrscheinlich rund 2700 vor Christus in China entwickelt worden. Der Prozess war kompliziert und umfasste mehrere Arbeitsschritte. Nötig dafür war die Domestizierung des Seidenspinners, der sich wiederum vor allem von den Blättern des Maulbeerbaums ernährt. Jahrhundertelang dürfte China ein Monopol auf die Herstellung von Seide gehabt und streng gehütet haben. Erst im Mittelalter soll es byzantinischen Mönchen gelungen sein, die Raupen nach Konstantinopel zu schmuggeln. Andere Quellen berichten, dass es auch in Persien und im Mittelmeerraum gelungen sei, Seide herzustellen. Tatsache jedenfalls ist, dass Seide eines der wichtigsten Güter war, die auf der Seidenstraße von Osten Richtung Westen gehandelt wurden. Gold, Silber, Pferde und Ideen wanderten in die entgegengesetzte Richtung an den chinesischen Kaiserhof, wo man übrigens von Handel meist nicht viel hielt und die Waren eher als »Tribut« betrachtete. Was die Ideen betraf, so gelangten sowohl der Buddhismus als auch das Christentum und der Islam von Westen Richtung Osten und hatten teils profunde Wirkungen auf die chinesische Gesellschaft. Dafür reiste das Pest-Bakterium im 14. Jahrhundert wohl von China Richtung Westen und landete irgendwann auf der Insel Krim, von wo ein genuesisches Schiff die Seuche nach Europa transportierte. Über diesen Weg erreichte auch das Wissen von der Papierherstellung und vom Schwarzpulver Europa.

Mit den Händlern wanderten Pilger und Abenteurer auf der Seidenstraße: Im Westen ist Marco Polo der wohl bekannteste, der im 13. Jahrhundert über die Seidenstraße an den Hof des Mongolenherrschers Kublai Khan gelangte. Ihm aber steht der Maghrebiner Ibn Battuta nicht nach, der von seiner Heimatstadt Tangier im heutigen Marokko nach Ostafrika, Indien, Zentralasien und China gereist sein soll. Und aus Fernost sind Faxian und Xuanzhang die berühmtesten Reisenden auf der Seidenstraße.

Wer heute durch Samarkand spaziert, ist überwältigt von den betörend schönen Moscheen, ehemaligen Koranschulen und Gräbern, die sich in schier unglaublicher Anzahl aneinanderreihen. Türkisblaue Kuppeln spiegeln die noch immer warme Novembersonne. Gewaltige Tore, umrahmt von abertausenden Fliesen und Fresken, künden von der Schönheit des Paradieses, das derjenige beschreiten kann, der in den Medresen sein Leben dem Studium des Korans gewidmet hat. Auf dem Registan-Platz stehen sich die Ulug'bek-Madrasa und die Sher-Dor-Madrasa direkt gegenüber, als blickten sie sich für alle Ewigkeit in die Augen. Zwischen den beiden erhebt sich die Tilla-Kori-Madrasa wie eine stumme Vermittlerin. Die Großzügigkeit der Architektur und die Weite des Platzes künden vom Reichtum vergangener Zeiten. Die älteste der drei Religionsschulen ist die Ulug'bek-Madrasa, erbaut von 1417 bis 1420 von Khan Ulugh Beg, dem Enkel von Timur dem Großen, auch genannt Tamerlan. Timur schuf im späten 14. Jahrhundert ein Großreich, das von China bis in die Türkei reichte, vom heutigen Kasachstan bis nach Indien. Es war dies wohl die Blütezeit der Region, und noch heute beruft sich vieles in Usbekistan auf den Eroberer, der seine Abstammung wiederum auf den Mongolen-Herrscher Dschingis Khan zurückführte. Nachkommen Timurs fielen im frühen 16. Jahrhundert in Indien ein und gründeten dort das Reich der Moguln, das bis zur Eroberung durch die Briten bestand. Während Timurs Feldzüge in vielen Teilen der Welt Zerstörung hinterließen, baute er seine Hauptstadt Samarkand immer weiter aus. Timur war ein Herrscher von unfassbarer Grausamkeit, doch zugleich förderte er Kunst, Kultur und Wissenschaft, sodass sich die Stadt zu einem Zentrum der islamischen Welt entwickelte. Sein Grab ist heute eine ihrer vielen Touristenattraktionen. Sein Enkel Ulugh Beg galt als einer der bedeutendsten Mathematiker und Astronomen seiner Zeit. Er ließ die Länge eines Jahres auf 365 Tage, sechs Stunden, zehn Minuten und acht Sekunden berechnen – eine Abweichung von nur 58 Sekunden zum heutigen Stand. Auch fertigte er das Zidsch-i-Sultani an, einen Sternenkatalog mit rund 1000 Himmelskörpern. Auf einem Hügel nicht weit vom Registan-Platz ließ er den weltweit größten Sextanten errichten. Heute befindet sich dort ein Museum mit den Ruinen des gewaltigen Geräts. Denn nach Ulugh Begs Ermordung 1449 wurde das Observatorium zerstört. Heute zeigt ein Modell davon einen dreistöckigen Rundbau mit 46 Metern Durchmesser und 30 Metern Höhe, der einen Sextanten mit einem Radius von 36 Metern beherbergte. Es sollte über 400 Jahre dauern, bis sich wieder Menschen dafür interessierten. 1908 entdeckte der Russe Vassily Lavrentyevich Vyatkin den unterirdischen Teil des Sextanten und begann, das gewaltige Gerät zu restaurieren.

Der riesige Sextant von Samarkand ist kein Einzelfall. In den Museen von Samarkand und Bukhara finden sich zahlreiche Fotografien, auf denen die Medresen, Gräber und Moscheen zu sehen sind. Nur haben sie kaum etwas gemein mit der heutigen Pracht. Sie zeigen Ruinen, farb- und schmucklose Relikte der Vergangenheit: Der so prächtige Registan in Samarkand war noch vor einigen

Jahrzehnten ein halbverfallener Steinbau; die Gläubigen versammelten sich davor im Freien – nichts zu erkennen von dem Farbspektakel, das den Besucher heute dort empfängt. Mit den russischen Soldaten in der zweiten Hälfte des 19. Jahrhunderts kamen Wissenschaftler und Historiker, die die Vergangenheit der eroberten Gebiete erforschten. Und noch später, in den 1980er und 1990er Jahren, flossen Millionen der UNESCO in die alten Städte der Seidenstraße, um die Gebäude zu restaurieren und sie für den Tourismus interessant zu machen.

Was war in den Jahrhunderten zwischen dem Bau von Ulugh Begs Observatorium und der Restauration in den 1990er Jahren geschehen? Wie konnten Bukhara und Samarkand so reich werden und doch alles wieder verlieren? Eine Antwort liegt in der Natur der Handelsströme des eurasischen Kontinents und darin, wie sich diese im Laufe der Jahrhunderte verschoben. Denn ab dem Spätmittelalter verfiel die Seidenstraße langsam, und der Handel erlahmte. Zu Beginn der Neuzeit und des europäischen Kolonialzeitalters war der Handelsweg nur noch ein Schatten seiner früheren Größe.

Diese Entwicklung hatte verschiedene Gründe. Der wichtigste war die Entdeckung des Seewegs nach Indien durch Christoph Columbus und Vasco da Gama (der Portugiese glaubte nicht nur wie Columbus, Indien entdeckt zu haben, ihm war es 1498 gelungen, Afrika zu umrunden). Dass die Könige von Spanien und Portugal diese teuren Expeditionen überhaupt finanzierten, hatte mit einem anderen Ereignis zu tun: 1453 hatte der osmanische Sultan Mehmet II. Konstantinopel erobert. Die Stadt auf den zwei Kontinenten hatte das christliche Europa Tausende Jahre lang vor islamischen Eroberern geschützt und gleichzeitig das Tor zum Orient für Westeuropa offen gehalten. Mit der Eroberung durch die Osmanen versiegten plötzlich die Handelsströme: Seide, aber vor allem auch Gewürze wie Pfeffer und Muskat erreichten die westlichen Märkte nicht mehr. Die Europäer begannen daher, nach anderen Wegen zu suchen, um an die begehrten Orientwaren zu kommen. 1511 errichteten die Portugiesen einen Stützpunkt in Malakka, nahe dem heutigen Singapur, und zwei Jahre später erreicht der Portugiese Jorge Alvares den chinesischen Kaiserhof. 1557 errichten sie einen Handelsstützpunkt in Südchina. Macao sollte über 400 Jahre lang in portugiesischem Besitz bleiben, erst 1999 fiel es zeitgleich mit Hongkong an China zurück.

Wenige Jahre nach Columbus und da Gama machte sich der gebürtige Portugiese Magellan im Auftrag der spanischen Krone auf den Weg, die Gewürzinseln, die heutigen Molukken, zu finden, indem er nach Westen segelte. Magellan selbst kehrte von der Expedition nicht zurück, aber den wenigen Überlebenden gelang die erste Umsegelung der Welt. Das heute aus der Start-up-Szene bekannte Prinzip »Cut out the Middlemen« fand seine Anwendung mit den Entdeckungen der Spanier und Portugiesen im frühen 16. Jahrhundert: Der Zwischenhandel über die islamische Welt und den asiatischen Kontinent wurde einfach übergangen.

Mit der Entdeckung Amerikas und der Eroberung des Inka- und Aztekenreiches durch die Spanier strömten Unmengen von Gold und Silber nach Europa. Vielleicht noch wichtiger aber waren die Entdeckungen der Portugiesen: Nun kauften europäische Händler Gewürze und Seide direkt in Asien ein und brachten es mit immer größer werdenden Schiffen zunächst nach Lissabon und Cadiz und später nach London und Amsterdam. Denn bald machten Holländer, Engländer und Franzosen den Spaniern und Portugiesen den neuen Reichtum streitig.

Der globale Handel verlagerte sich von Zentralasien auf den Atlantik, von Kamelen auf Karavellen. Das europäische Zeitalter hatte begonnen.

Noch eine zweite Entwicklung in Fernost hatte einen Effekt auf den Verfall des kontinentalen Handelswegs: Es ist eine historische Koinzidenz, dass nur wenige Jahre, bevor europäische Schiffe den Indischen Ozean befuhren, eine chinesische Flotte Indien und Afrika erforschte. Der Seefahrer Zheng He war ein Eunuch aus der Provinz Yunnan, der im Auftrag des Ming-Kaisers Xuande mehrere Expeditionen Richtung Westen unternahm. Während die Flotte Vasco da Gamas aus drei Schiffen und etwa 170 Mann Besatzung bestand, soll Zheng He 1405 mit 62 Schiffen und 27.000 Mann Besatzung nach Indien und Afrika gesegelt sein. He erreichte das heutige Sri Lanka, Kenia und Somalia. Noch heute finden sich Spuren seiner gewaltigen Expeditionen. Sieben solcher Reisen unternahm er bis zu seinem Tod im Jahr 1433.

Das Zeitalter der chinesischen Hochseeschifffahrt endete allerdings genauso abrupt, wie es begonnen hatte. Anders als die europäischen Unternehmungen waren die chinesischen nie profitabel, sondern verschlangen hohe Summen. Der Nachfolger von Kaiser Xuande stellte das Programm ein. China kehrte sich nach innen und glaubte, sich selbst genug zu sein. Auch das ist eine Entwicklung, die sich später nochmals in ähnlicher Form wiederholen sollte. Vom Ausland, so die Meinung am Kaiserhof in Peking, sei nichts zu lernen. Man empfand es als unter der Würde des Herrschers, Handel zu betreiben. Wer von China etwas wollte, sollte gefälligst Tribut leisten. Diese Haltung hielt sich in der Verbotenen Stadt bis zum Ende des 19. Jahrhunderts, obwohl sich die Machtverhältnisse auf geradezu groteske Weise verschoben hatten.

Die Seidenstraße, der beschwerliche Landweg von Ost nach West, aber verfiel und geriet erst wieder in den Fokus europäischer Mächte, als die kolonialen Interessen Russlands und Großbritanniens Ende des 19. Jahrhunderts in Zentralasien aufeinanderprallten. Der Konflikt prägte den Begriff des »Great Game« – während das zaristische Russland sein Kolonialreich bis zum Indischen Ozean erweitern wollte, sah Großbritannien seine Kronkolonie Indien bedroht und versuchte genau das zu verhindern. Das heutige Afghanistan wurde so für beide Mächte Dreh- und Angelpunkt.

Mit der Verlagerung des Handels von Asien auf den Atlantik verschoben sich auch die globalen Machtverhältnisse. Durch den Einsatz des Schießpulvers und immer besserer und größerer Schiffe war es den europäischen Mächten nun möglich, »Macht zu projizieren«. Zwar war Europas

Überlegenheit in den ersten Jahrhunderten der Neuzeit noch gering, doch ein paar Kanonenschiffe, die plötzlich in einem Hafen auftauchten, konnten lokale Konflikte zu ihren Gunsten entscheiden. Die Briten nutzten dieses Zünglein an der Waage und diplomatische Allianzen in Indien so geschickt, dass aus dem ganzen Subkontinent Ende des 19. Jahrhunderts eine Kronkolonie geworden war. Die europäische Übermacht wurde für den Rest der Welt erdrückend. Die Industrialisierung schuf unglaubliche Produktionszuwächse und verbilligte die Herstellung von Waren in einem in der Geschichte zuvor nie gekannten Maß. Bald aber waren die heimischen Märkte übersättigt, und die Großindustrie brauchte neue Absatzmärkte für ihre Produkte. In der Folge überschwemmten europäische Waren den Globus und zerstörten in den Kolonien ganze Sektoren, die mit der billigen Massenware nicht konkurrieren konnten. Zwischen 1850 und 1914 hatten sich die europäischen Kolonialmächte den Globus aufgeteilt, sodass die Hälfte der Weltbevölkerung unter direktem kolonialem Einfluss stand. Die Europäer importierten billige Rohstoffe aus ihren Kolonien in Afrika und Asien und exportierten in ihren Fabriken gefertigte Güter dorthin zurück. In der Endphase des Kolonialismus begannen insbesondere Frankreich und Großbritannien, in die Infrastruktur der eroberten Gebiete zu investieren: Eisenbahnen, Straßen, Häfen und Bahnhöfe entstanden. (Und es ist eine gewisse Ironie der Geschichte und dieses Buches, dass auf den meisten der Reisen, auf denen ich über chinesische Infrastrukturprojekte recherchierte, Relikte dieser

Zeit zu finden waren – seien es das 1864 erbaute koloniale Prachthotel Galle Face auf Sri Lanka, von dessen Terrasse man den besten Blick auf die neue Colombo Port City hat, oder die pittoresken Häuser der französischen Kolonialverwaltung in Luang Prabang in Laos. In Kenia ersetzt ein chinesischer Zug die von den Briten 1901 fertiggestellte Eisenbahn, die Nairobi mit der Hafenstadt Mombasa verbindet.)

Die Länder im Herzen der Seidenstraße wurden Ende des 19. Jahrhunderts Teil des russischen Kolonialreichs. Nach der Oktoberrevolution und der Ausrufung der Sowjetunion entstanden aus den ehemaligen Khanaten und Emiraten die sozialistischen Teilrepubliken Kasachstan, Usbekistan, Tadschikistan, Turkmenistan und Kirgisistan. Spätestens im 20. Jahrhundert war das einstige Zentrum des Welthandels endgültig in der Peripherie versunken, und es waren damals meist russische Archäologen und Historiker, die sich auf die Suche danach machten. Mit dem Zusammenbruch der Sowjetunion brachte dann der Tourismus neues Leben in die alten Oasenstädte der Seidenstraße.

Während der Phase der europäischen Entdeckungen und des Kolonialismus fiel der Anteil von Indien und China am Welthandel von jeweils rund 30 Prozent im Mittelalter auf gerade einmal fünf Prozent 1970. Besonders rasant war der Niedergang zwischen 1850 und 1950. Im selben Zeitraum explodierten der Handel und die Wirtschaftsleistung von Europa und später den USA.

In der Geschichtsschreibung der Kommunistischen Partei Chinas ist das 19. Jahrhundert deshalb eines der Demütigung. Tatsächlich zeigte sich der europäische Kolonialismus und Imperialismus hier von einer seiner hässlichsten Seiten. In zwei Opium-Kriegen zwang man das Kaiserreich dazu, seine Märkte für das Rauschgift zu öffnen, obwohl man sich der fatalen Auswirkungen auf Chinas Wirtschaft und Gesellschaft bewusst war. Nötig war dies aus Sicht Londons, um die hohen Silberabflüsse zu unterbinden, die der Kauf von chinesischen Waren mit sich brachte: Man bezahlte von nun an den begehrten Tee mit Rauschgift.

Wer zu historischen Assoziationen neigt, mag in der aktuellen Opioid-Epidemie in den USA die historische Rache Pekings erkennen. Das meiste des hochpotenten Fentanyls, an dem in den USA jedes Jahr Zehntausende sterben, wird heute in China hergestellt. Eine weitere Folge der Kriege war die Verpachtung Hongkongs für 99 Jahre an Großbritannien. Und auch die scheint ein gewisses Echo im Hafen von Hambantota auf Sri Lanka zu finden, der nun an Peking für 99 Jahre verpachtet wurde.

Zwei Weltkriege später allerdings war Europa zerstört und ausgeblutet. Die Restauration ihrer Kolonialreiche konnten sich auch die Siegermächte Frankreich und Großbritannien nicht leisten. Spanien und Portugal spielten wirtschaftlich ohnehin keine Rolle mehr. Spätestens nach Ende des Zweiten Weltkriegs verlagerte sich das Zentrum des Welthandels weiter in den Westen, in die sogenannte Neue Welt. Die USA besaßen nach 1945 die größten Produktionskapazitäten, die höchsten Goldreserven und das schlagkräftigste Militär.

Der Kollaps des Ostblocks 1991 schien diese Vormachtstellung zunächst nochmals zu zementieren. Vielleicht aber war der Zenit bereits überschritten. Denn gerade in den 1990er Jahren, in denen Francis Fukuyama angesichts der zusammenbrechenden sozialistischen Systeme vom »Ende der Geschichte« schrieb, begann der Aufstieg Asiens, insbesondere der der Volksrepublik China.

Damit begann ein geradezu epochaler Machtwechsel. Gerade erst hat China mit einem Anteil am Welthandel von fast 20 Prozent die USA überrundet. Bis 2030 könnte China auch die USA als größte Volkswirtschaft der Welt abgelöst haben. Die Ursachen hierfür aber sind nicht zufällig, sondern die Ergebnisse strategisch geplanter chinesischer Wirtschaftspolitik auf der einen und Naivität und kurzfristiges Profitdenken seitens des Westens auf der anderen Seite.

China betrachtet seinen Aufstieg an die globale Spitze allerdings keinesfalls als historische Anomalie, sondern vielmehr Rückkehr zur Normalität – gewissermaßen als Korrektur der Schwächephase im 19. Jahrhundert. Diese Zeit will China vergessen machen. Das Land soll wieder seinen angestammten Platz als der Dreh- und Angelpunkt der Weltwirtschaft einnehmen, den es die meiste Zeit seiner Geschichte besessen hat. Die anliegenden Länder sollen zwar nicht kolonialisiert, aber eng an Peking gebunden werden.

Die Neue Seidenstraße, die Xi Jinping am 7. September 2013 im kasachischen Astana verkündete, ist Teil dieses Projekts.

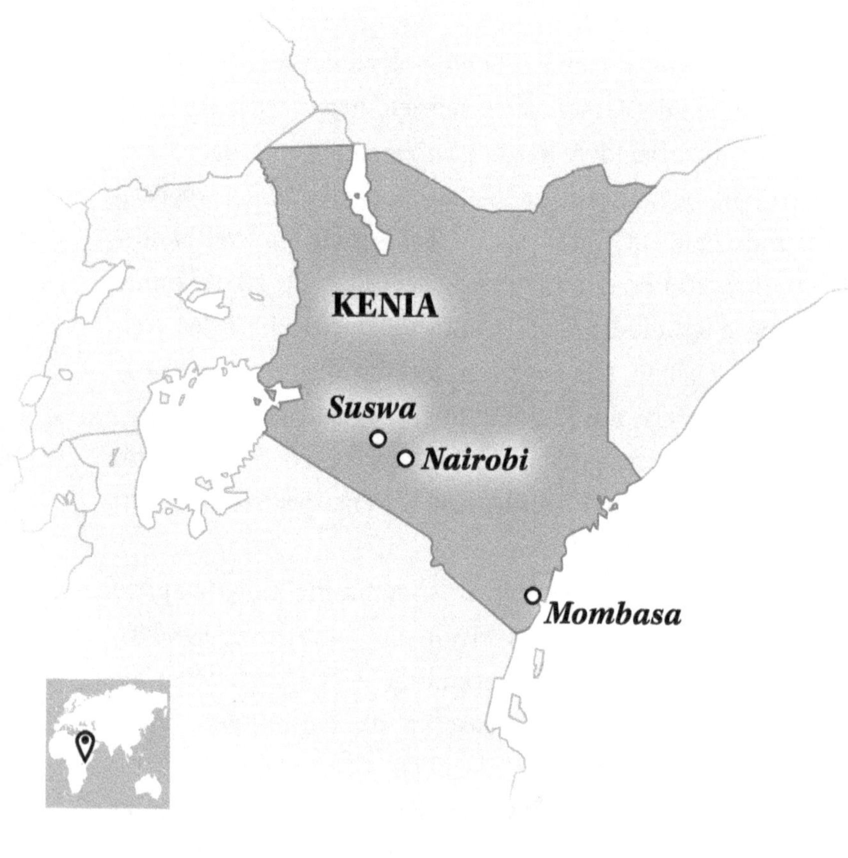
KENIA
Suswa
Nairobi
Mombasa

5.

VOR ORT IN KENIA: GRAUE ELEFANTEN UND CHINAS MACHT IN AFRIKA

»Die Chinesen denken langfristig,
aber wir schicken kurzfristig denkende Politiker
in die Verhandlungen.«
JAMES SHIKWATTI, KENIANISCHER ÖKONOM

Moses Mutadua besitzt die ausgehöhlten Ohrläppchen der Massai, die entstehen, wenn man immer noch größere Ringe in die Haut zwängt. Ansonsten hat er nichts Traditionelles an sich, er ist westlich gekleidet. Der 47-Jährige sitzt im einzigen mehrstöckigen Haus von Suswa, einem Städtchen 100 Kilometer westlich der kenianischen Hauptstadt Nairobi. Eigentlich beherbergt es ein Hotel und Restaurant, aber gleichzeitig ist es eine Art Gemeindezentrum, ein Ort, an dem man sich trifft. Mutadua klagt über die Eisenbahn, die hier eine chinesische Firma gebaut hat. »Zunächst kamen viele Spekulanten aus Nairobi, die wussten, dass der Wert des Landes rund um die Eisenbahn steigen würde. Sie versuchten, das Land möglichst billig zu kaufen. Es gab Proteste, bei denen sogar ein Mensch starb. Später sollten wir dann Entschädigungen erhalten, aber die kamen nur schleppend. Manche haben noch immer nicht die volle Summe erhalten.«

Problematisch sei auch, dass die Bahntrasse das Land teilt. Der neue chinesische Zug, der Wirtschaftswachstum bringen sollte, fährt auf einer Anhöhe, die auf beiden Seiten von mannshohen Zäunen umgeben ist (und von den in China omnipräsenten CCTV-Kameras). Unterführungen gibt es nur wenige. Für viele Viehzüchter ist das ein Problem, da die Zugstrecke die Weiden und Wasserstellen trennt.

»Die Chinesen haben keinen guten Eindruck hinterlassen«, sagt Mutadua. »Sie behandelten Leute und Material schlecht. Wenn wir ihnen zum Beispiel einen Jeep vermieteten, war der danach oft beschädigt. Alles sollte immer ohne Vertrag und mit Barzahlungen geschehen, sodass man später rechtlich nichts in der Hand hatte. Als sie gingen, nahmen sie wieder alles mit. Sogar die gebauten Wasserleitungen montierten sie wieder ab.«

Das verschlafene Suswa liegt im Riff Valley, einer mehrere Hundert Kilometer langen Senke, wo tektonische Platten auseinanderdriften. Sie reicht vom Südsudan bis nach Tansania. Ende September wirbelt der Wind immer wieder Sand und Staub zu Mini-Tornados auf, die sich geisterhaft in die Höhe schrauben und wieder zusammenfallen. Es ist nicht gerade eine Gegend, die vor wirtschaftlicher Aktivität strotzt. Selbst Wikipedia kennt keine Einwohnerzahl, aber mehr als 3000 Menschen dürften es kaum sein. In dem Straßendorf reihen sich Bretterbuden aneinander, in denen es Fleisch, Smartphones und Bier zu kaufen gibt. Die Gegend gehört zum Stammland der Massai, die hier Ziegen und Schafe hüten. Ackerbau ist hier kaum möglich, und so war es bis vor Kurzem auch unüblich, Boden zu besitzen: Die Massai kennen das Eigentum von Herden, das Land aber wird gemeinschaftlich genutzt. Zumindest war das die meiste Zeit so.

Doch in den vergangenen Jahrzehnten ist das Land von der Moderne erfasst worden. Die Massai haben Smartphones, Motorräder und essen vermehrt Kohlenhydrate, sodass hier längst nicht jeder dem Klischeebild der hochgewachsenen Krieger ähnelt, die man aus romantisierten Bildern und Filmen kennt.

Nicht weit vom Zentrum des Dorfs erhebt sich ein Gebäude aus der Steppe, das so auch in China stehen könnte: Suswa hat seit 2019 einen überdimensionierten Bahnhof. Das dreiteilige Gebäude mutet mit seiner trapezförmigen Struktur und den nach oben geschwungenen Ecken ostasiatisch an. Drei Treppenabschnitte mit unpraktisch niedrigen Stufen führen auf den Eingang zu, vor dem groß »Suswa Station« steht. Daneben windet sich ebenso unpraktisch eine Schräge nach oben, auf der man größere Gepäckstücke ziehen kann. Es ist eine brachiale Architektur, die den Besuchern das Gefühl gibt, unwichtig zu sein und das Ziel ihrer Mühen erst nach endlosen Schritten erreichen zu können: die Schalterhalle des Bahnhofs. Der Besuch lohnt sich aber ohnehin nur selten, denn der Zug verkehrt nur dreimal die Woche, und an diesen drei Tagen auch jeweils nur einmal.

Erst nach einer längeren Diskussion erlaubt das mehrköpfige Sicherheitspersonal meiner Übersetzerin und mir, den Bahnhof zu betreten. Vor dem Eingang stehen die an chinesischen Bahnhöfen obligatorischen Scanner, auf die man sein Gepäck legen muss. Drinnen gibt es einen Wartesaal, einen VIP-Raum und einen Schalter. Die Schilder sind im selben Blau gehalten wie in jedem chinesischen Bahnhof.

All das mutet in seiner Verlassenheit bizarr an. Gebaut hat diesen aufgeblähten Bahnhof 2019 ein chinesisches Firmenkonsortium.

Die Zugstrecke von der Küste ins Landesinnere ist das größte Projekt der Neuen Seidenstraße in Afrika. Dem Plan nach soll sie die Hafenstadt Mombasa mit der kenianischen Hauptstadt Nairobi verbinden. Von dort solle es nach Kampala in Uganda gehen, nach Dschuba im Südsudan, Addis Abeba in Äthiopien und Kisangani im Kongo. Eine solche Verbindung wäre für afrikanische Binnenstaaten ohne Meerzugang, die dann via Kenia am Welthandel angeschlossen wären, ein großer Gewinn und die Verwirklichung eines alten Traumes: dass es Afrika endlich gelänge, Prosperität aus sich selbst heraus zu schaffen. Denn seit Jahrhunderten ähnelt die Wirtschaftsstruktur des Kontinents einer simplen Gleichung: Afrika exportiert Rohstoffe und erhält dafür fertige Produkte zurück. Wettbewerbsfähige Industrien können so nicht entstehen, und nicht selten wandern die Erlöse für den Verkauf von Rohstoffen in die Taschen korrupter Eliten. Eine Zugverbindung innerhalb des Kontinents wäre ein erster Schritt, sich aus diesem Kreislauf zu befreien.

Warum aber wurde das Projekt nicht beendet? Und was ist der Nutzen dieses gewaltigen Bahnhofs inmitten der wüstenähnlichen Landschaft?

Das Klima in Mombasa, rund 2000 Kilometer östlich, ist heiß und schwül. Das »Hotel Africa« in der Altstadt rühmt sich, das älteste auf dem Kontinent zu sein. Es soll von 1901 stammen und jede Menge illustre Personen beherbergt haben. Ob das so stimmt, lässt sich schwer nachprüfen. Gästezimmer werden dort leider nicht mehr vermietet. Trotzdem ist das Haus kurz hinter dem von Portugiesen erbauten »Fort Jesus« einen Besuch wert. Das ehemalige Zwölf-Zimmer-Hotel ist heute eine Art Museum, wenn auch etwas unaufgeräumt und konzeptlos. Die eigentliche Attraktion aber ist ein Mann mit silbern glänzenden Augen, der der Museumswärter zu sein scheint, vielleicht aber auch der Hausmeister ist. Aus ihm sprudeln die Reisegeschichten wie Bier aus einem frisch angezapften Fass. Ohne Punkt und Komma beginnt er von der alten Seidenstraße zu erzählen. Vor allem Ibn Battuta hat es ihm angetan, der moslemische Marco Polo, der 1331 hier Station machte, nachdem er von seiner Heimatstadt Tangier nach Indien und China aufgebrochen war. Selbst der Prophet Mohammed habe eigentlich nach Mombasa gewollt. Und natürlich darf auch der chinesische Seefahrer-Eunuch Zheng He in der Erzählung nicht fehlen. Die Geschichten und historischen Kuriositäten überschlagen sich, und man weiß nicht, was historisch belegt und was seiner Fantasie und Erzählkunst zuzuschreiben ist.

Jedenfalls berichtet er bald von der chinesischen Kolonie aus dem 15. Jahrhundert in Kenia, deren Nachkommen noch heute leben. Einst soll ein Schiff der mächtigen Expedition von Zheng He bei Malindi gesunken sein. Die Überlebenden ließen sich auf einer Insel nieder, und nachdem sie eine gefährliche Python getötet hatten, gestatteten ihnen die Einheimischen, lokale Frauen zu heiraten. »Doch, doch, das ist wahr«, betont der Geschichtenerzähler aus dem »Hotel Africa«.

Tatsache ist, dass es sich die chinesische Regierung einiges kosten ließ, die Mythen zu verifizieren. 2010 schickte Peking ein Archäologen-Team an die Küste Kenias, um Beweise zu finden und DNA-Tests durchzuführen. Auch nach dem Wrack des Schiffs wurde getaucht. Einen direkten Beweis für die Legende konnten die Forscher nicht finden. Aber einige Münzen aus der Ming-Dynastie und chinesisches Porzellan genügten, um die Geschichte propagandistisch auszuschlachten: Anders als europäische Kolonialmächte sei China im frühen 15. Jahrhundert nicht als Ausbeuter, sondern als fairer Partner in Afrika erschienen. Und so sei es heute auch wieder. China will sich von westlichen Kolonialmächten abgrenzen, indem es sich als »ehrlicher Makler« präsentiert, dem es um faire wirtschaftliche Kooperation geht. Die Schiffbrüchigen von Zheng Hes Expedition – sie dienen als historischer Unterbau für Chinas neue Afrika-Strategie.

Kenia ist eines der wichtigsten, wenn nicht sogar das wichtigste Land in Chinas Afrika-Strategie. Dabei geht es weniger um die Rohstoffe selbst, davon hat der ostafrikanische Staat nicht viele. Kenia ist vielmehr das Schlüsselland, wenn es darum geht, wichtige Rohstoffe wie Kobalt aus dem Kongo nach China zu transportieren. Mombasa ist der wichtigste Hafen der Region und wird heute von einer chinesischen Firma geführt.

Chinas Engagement in Kenia begann unter dem ehemaligen Präsidenten Uhuru Kenyatta 2013. Peking half ihm, das analoge TV-Netzwerk zu digitalisieren (mit dem Nebeneffekt, chinesische Fernsehsendungen auszustrahlen, die ein unkritisches Bild eines prosperierenden Chinas zeigen). Kurz darauf wurde der Bau einer Zugstrecke vereinbart, die von Mombasa aus ursprünglich mehrere afrikanische Länder verbinden sollte. Dazu aber kam es nie.

Die chinesische Exim-Bank sagte der kenianischen Regierung zwei Kredite in Höhe von zwei Milliarden und 1,6 Milliarden US-Dollar zu. Der Zins hierfür betrug 3,6 Prozent, die Laufzeit 15 Jahre. Eine Auflage des Kredits bestand darin, Stahl, Zement, Sand und Holz für den Bau aus China zu beziehen.

Die kenianische Regierung ging davon aus, dass sich das Projekt selbst bezahlen würde. Einmal fertiggestellt, prophezeiten die Studien, würden sie das kenianische

Wirtschaftswachstum um 1,5 Prozent steigern. 2014 begann der Bau. Kritik gab es von Anfang an: Ein Punkt war, dass die Strecke durch ein Naturreservat führt. Doch diese Problematik löste man relativ gut, indem man Korridore für die Wildtiere schuf. Problematischer waren die Entschädigungszahlungen für die Anwohner entlang der Strecke. 290 Millionen US-Dollar wurden dafür bereitgestellt. Die China Road and Bridge Corporation (CRBC), ein Staatsunternehmen, heuerte lokale Spezialisten an, um die Verhandlungen besser zu gestalten. Am Ende wurde die Standard Gauge Railway, kurz SGR, sogar noch vor dem Zeitplan am 1. Juni 2017 fertiggestellt – zwei Monate vor den Wahlen, was Kenyatta einen Trumpf bescherte.

Zwei Jahre später kam noch ein neues Projekt hinzu: der Nairobi Expressway. Dabei handelt es sich um eine 27 Kilometer lange Schnellstraße, über die tatsächlich kaum ein Einwohner der Vier-Millionen-Stadt ein schlechtes Wort verliert. Die Autobahn verkürzt die Fahrzeit vom internationalen Flughafen in die Innenstadt von zwei Stunden auf 20 Minuten. Anders als die Eisenbahn wurde das Projekt nicht über einen Kredit finanziert. Die CRBC, die die Straße nun für 27 Jahre betreibt, will die Investition mit den Gebühren finanzieren.

Es gibt nicht wenige Ökonomen, die sagen, das größte Problem Afrikas sei die fehlende Infrastruktur. Einer von ihnen ist James Shikwatti. »Unser Hauptproblem ist, dass es keine Straßen, Häfen und Eisenbahnen gibt. Sogar unsere Flughäfen sind so gebaut, dass sie nach Europa führen«, sagt er in seinem Büro in Nairobi. »Manchmal muss man sogar erst nach Europa fliegen, um eine andere Stadt in Afrika zu erreichen.«

Shikwatti ist eine Art Enfant terrible der Ökonomen-Szene in Afrika. Sein amerikanischer Kollege Jeffrey Sachs nannte seine Ansichten einmal »shockingly misguided« und »amazingly wrong«. Man kann das als Kompliment sehen – je nachdem, was man von Sachs' wirtschaftlichen Standpunkten hält. Shikwatti auf jeden Fall ist guter Dinge und grinst schelmisch, wenn er Aussagen trifft, mit denen er provozieren will. Die kenianische und eigentlich die ganze afrikanische Geschichte sei geprägt von fremden Mächten, die hierherkamen und Land und Leute in irgendeiner Form ausbeuteten: Perser, Portugiesen, Briten. »Jetzt kommt zum ersten Mal eine Macht, die den Kontinent verbinden will. Die Idee ist ja, die Eisenbahn bis nach Kamerun zu bauen. Das ist nur ein Beispiel. Auch das Hafensystem entwickelt sich von Mosambik über Kenia und Djibouti. Die alten Kolonialmächte wie Frankreich und Großbritannien haben den Kontinent geteilt. China aber schafft Verbindungen. Das ist ein langfristiges Denken, was natürlich irgendwann auch China nutzt.«

Zudem lieferten die Chinesen schnell und unkompliziert, sagt Shikwatti. »Der Westen hat dieses extravagante Wertesystem, das alles verkompliziert.« Er erzählt von einer Straße, die mit Geld der EU gebaut werden sollte, aber zwei Jahre nicht fertiggestellt wurde, weil dort eine Rattenpopulation lebte. Man weiß nicht genau, ob er das ernst meint.

Rund 1,5 Milliarden Menschen leben auf dem Kontinent. Reisen innerhalb Afrikas ist für viele von ihnen beschwerlich, da es zu wenige gute Straßen, Zugstrecken und Flugverbindungen gibt. All dies hemmt den Handel und damit die wirtschaftliche Entwicklung. Afrika braucht deswegen Investitionen in Infrastruktur, und zwar dringend. Kein Land der Welt hat darin aktuell mehr Erfahrung als die Volksrepublik China. Den vielleicht größten Boom erlebte das Land kurz nach der Finanzkrise 2008/09. Peking legte damals ein Investitionspaket in Höhe von rund 500 Milliarden US-Dollar auf (in heutiger Kaufkraft wären das 700 Milliarden). Global stieß das auf großen Anklang, denn die gesteigerte Nachfrage nach Beton, Stahl und allen anderen möglichen Baumaterialien zog damals die Weltwirtschaft aus der Rezession.

Der Ökonom Shikwatti sieht in Chinas Afrikapolitik kein Problem: »Heute gibt es quasi eine Wettbewerbssituation zwischen China und dem Westen hinsichtlich Investitionen in Afrika«, sagt er. »Die kann für uns nützlich sein.«

Noch einen anderen Punkt erwähnt er: Jahrelang hätten westliche Institutionen freie Marktwirtschaft in Afrika gepredigt und Kredite davon abhängig gemacht, dass die Staaten ihre Wirtschaft privatisieren. Dies funktionierte mal besser und mal schlechter. Eine jüngere Entwicklung aber hätte viele afrikanische Ökonomen schockiert, sagt Shikwatti: »Der Ukraine-Konflikt hat gezeigt, wie stark Unternehmen in Europa subventioniert werden und wie abhängig sie von staatlichen Hilfen sind. Aber uns erzählt man, wir müssen privatisieren, und wir stellen fest: Es funktioniert nicht wirklich gut.« Nochmals betont Shikwatti, dass China eben investiere, ohne Fragen und Forderungen zu stellen.

Die andere Seite der Medaille: Korruption. Niemand weiß genau, wie viele Millionen in den Taschen korrupter Politiker versickert sind. Im Dezember 2018 tauchten Nachrichten auf, wonach sich Peking den Hafen von Mombasa als Pfand habe zusichern lassen für den 3,6-Milliarden-Dollar-Kredit für den Bau der Zugstrecke nach Nairobi. Verwunderlich wäre es nicht, schließlich ist genau das ja mit dem Hafen von Hambantota in Sri Lanka passiert. Die kenianische und chinesische Regierung bestritten dies, und auch Forscher der amerikanischen Johns-Hopkins-Universität kamen zu dem Schluss, dass das Gerücht auf einen Lesefehler des Prüfers zurückzuführen sei. Bis heute ist nicht hundertprozentig klar, was wirklich passierte – und vor allem wie Peking reagieren wird, sollte Kenia tatsächlich nicht mehr zahlen.

»Wenn China etwas konfisziert, ist das nicht unbedingt Chinas Problem«, winkt Shikwatti ab. »Unser größtes Problem sind die Leute, die über diese Kredite verhandeln. Da kostet das Projekt zunächst eine Milliarde, und am Ende kostet es vier Milliarden. Die drei Milliarden versickern in den Taschen korrupter Politiker.«

Das Sympathische an Shikwatti ist, dass er jede Form von Opferrolle ablehnt. Er stellt immer wieder den Kenianern selbst die Frage: Was können wir lernen? Wie können wir das Beste für uns aus der geopolitischen Gemengelage herausholen?

Das ist nachvollziehbar, gerade in Afrika, wo die Gräuel der Kolonialgeschichte bei vielen Menschen eine Opfer- und Fordermentalität begünstigt haben, die zwar historisch verständlich ist, aber Fortschritt und Tatendrang in der Gegenwart hemmen.

Shikwattis Gedanken lenken aber auch von einem anderen Problem ab, nämlich dem der chinesischen Einflussnahme. 2018 besuchte Xi Jinping vier afrikanische Länder – den Senegal, Mauritius, Ruanda und Südafrika –, um sich über den Status der BRI selbst ein Bild zu machen. Und selbst 2021, als sich China in der Corona-Pandemie vom Rest der Welt abkapselte, macht sich der damalige chinesische Außenminister Wang Yi noch auf eine Afrikatour nach Botswana, Kongo, Tansania, Nigeria und auf die Seychellen.

Kenia ist also bei Weitem nicht das einzige Land, in dem China seinen Einfluss aktiv ausdehnt. Ihm kommt aber eine Schlüsselrolle zu, da es mit der Hafenstadt Mombasa einen der wichtigsten Transportknotenpunkte besitzt und das politische System relativ stabil ist. Ein Großteil der Rohstoffe, die China aus Afrika benötigt, können über diesen Hafen Richtung Osten verschifft werden.

Nicht ganz so weit fortgeschritten ist ein ähnliches Projekt in Tansania. 2019 stach die chinesische Exim-Bank ein türkisch-portugiesisches Konsortium aus, als es um den Auftrag ging, eine knapp 1500 Kilometer lange Bahnstrecke von Daressalaam Richtung Westen zum Victoria-See zu bauen. Das 1,5 Milliarden Dollar schwere Projekt soll 2024 fertiggestellt werden.

In Djibouti befindet sich seit 2017 Chinas erste Militärbasis außerhalb des eigenen Staatsgebiets. Rund 590 Millionen US-Dollar soll das Projekt gekostet haben. Kurz zuvor hatte das kleine, von Schulden geplagte Land am Horn von Afrika einem chinesischen Unternehmen den Containerhafen von Dolareh überlassen. Offiziell sind Chinas Soldaten in Djibouti auf Friedensmission – schließlich haben auch Franzosen und Amerikaner hier Stützpunkte, um diesen für die Weltwirtschaft neuralgischen Punkt am Eingang des Roten Meeres vor Piraten aus Somalia zu schützen. Satellitenbilder allerdings belegen den Bau einer gewaltigen Militärbasis gleich neben dem Stützpunkt der USA. 1000 bis 2000 chinesische Soldaten sind dort dauerhaft stationiert.

In Sambia, wo es große Kupferminen gibt, ist Peking ebenfalls mittlerweile der größte Gläubiger. China hat dort einen internationalen Flughafen, zwei Sportstadien und ein Krankenhaus gebaut. Ein Wasserkraftwerk ist in Planung. Fast ein Drittel der 17 Milliarden Dollar Auslandsschulden entfallen auf China.

Der instabile Kongo ist seit Jahrzehnten ein Spielball von Großmachtinteressen. Das Land verfügt über 70 Prozent der weltweiten Kobalt-Reserven, ein Metall, das für die Herstellung von Smartphones benötigt wird. Neuerdings findet Kobalt auch Anwendung bei Batterien für Elektroautos. Im Juli 2022 kündigt das Unternehmen China Molybdenum (CMOC) an, die gewaltige Summe von 1,8 Milliarden US-Dollar in den Ausbau der Kobalt- und Kupferminen bei Kisanfu zu investieren. Die USA sind bereits besorgt darüber, China könne bald das globale Kobaltangebot kontrollieren und als Waffe einsetzen – als Vergeltung für die Halbleiter-Sanktionen der USA. Immer wieder kommt es dort auch zu Problemen aufgrund der miserablen Arbeitsbedingungen und der grassierenden Umweltverschmutzung, vor allem weil im Kongo auch viele chinesische Privatunternehmen illegal Rohstoffe abbauen.

Chinas Engagement in Westafrika ist geringer als in Ostafrika. Aber auch hier sind chinesische Unternehmen aktiv, auch hier vergibt die Regierung Kredite für Infrastrukturprojekte. Selbst auf São Tomé e Príncipe, einer kleinen, wirtschaftlich völlig unbedeutenden Inselgruppe vor Westafrika, baut China einen Tiefwasserhafen für 800 Millionen US-Dollar.

Doch längst nicht alle dieser Projekte tragen wirklich zur Entwicklung des Kontinents oder zum Wirtschaftswachstum in den jeweiligen Ländern bei. Bei genauerem Hinsehen zeigen sich oft Probleme.

Zurück in der kenianischen Steppe in Suswa. Nashipai Kantam erzählt stolz, dass sie Chinesisch kochen kann: »Mantou, Mingtian – alles, was du willst«, erzählt die junge Frau lachend. Sie kochte zwei Jahre lang für die chinesischen Chefs. Nicht so locker spricht sie über die Arbeitsbedingungen. »Nie wieder würde ich für Chinesen arbeiten«, sagt sie. »Wir mussten von sechs Uhr morgens bis acht Uhr abends dort sein, und das sieben Tage die

Woche. Nur einmal im Monat bekamen wir zwei Tage frei.« 240 Dollar bekam sie dafür im Monat. Man muss dazu wissen, dass dies im ländlichen Kenia ein gutes Gehalt ist. Kantams Job war begehrt, und sie hielt zwei Jahre durch.

Ihre Freundin Ewaline Maloy putzte dort. Sie machte den Job nur drei Monate. »Wir mussten die ganze Zeit anwesend sein, auch wenn es nichts zu tun gab. Manchmal verschütteten sie mit Absicht irgendwas, damit wir es aufputzten.«

Mit europäischen Firmen dagegen haben die Menschen in Suswa andere Erfahrungen gemacht. Mutadua, der Massai mit den langen Ohrläppchen, erzählt von italienischen Firmen, die vor einigen Jahren hier eine Straße bauten: »Die interessierten sich dafür, was wir hier brauchen, und brachten das mit.«

Niemand, mit dem wir in Suswa sprechen, hat etwas Gutes über die Chinesen zu erzählen. Und vielleicht ist die Tatsache noch aussagekräftiger, dass keiner der Gesprächspartner jemals den Zug benutzt hat. »Zu teuer, zu langsam, nutzlos«, lauten die Gründe.

Einige Kilometer von Suswa entfernt liegt der »Dry Port«, ein Containerbahnhof. Die Szenerie ähnelt der des Personenbahnhofs: Ein weites, abgezäuntes Gelände in einer staubigen Landschaft, in der nichts passiert. Chinesische Schriftzeichen sind am Eingang angebracht, zwei Ziegen trotten durch die Schranke. Ein freundlicher Wachmann lässt uns zwar nicht auf das Gelände, erklärt uns dafür aber lange, wie viel hier passiert, oder besser: wie wenig.

Er hat Übung darin, denn wenige Minuten später erscheint ein Mittelschichts-Ehepaar, das ebenfalls das Gelände besichtigen möchte. Es erinnert an den leeren Flughafen von Sri Lanka, wo Schaulustige und einheimische Touristen die tote Rieseninvestition besichtigen möchten.

Einer Studie der Weltbank zufolge müssten auf der Zugstrecke um die 20 Millionen Container befördert werden, um profitabel zu sein. Derzeit aber sind es nicht mal sechs Millionen. Das liegt auch daran, dass parallel zur Zugstrecke eine Straße verläuft, auf der ein Großteil der Waren befördert wird. Um das zu ändern, drängte der Hafen von Mombasa die Regierung zu einem Gesetz, wonach nun alle Waren auf der Zugstrecke befördert werden müssen. Das führte zu Protesten und einer nur marginalen Erhöhung der Fracht. Und schließlich wurde das Gesetz wieder zurückgenommen. Bis 2020 hat das Projekt 200 Millionen US-Dollar Verluste gemacht.

Hinzu kommt: Bisher hat sich der Handel mit China für Kenia kaum positiv entwickelt. Das Handelsvolumen zwischen 2015 und 2018 betrug 18 Milliarden US-Dollar. Davon machten 97 Prozent chinesische Importe aus, nur drei Prozent waren kenianische Waren, die nach China exportiert wurden. Auch mit dem Bau der Standard Gauge Railway hat sich daran nichts geändert.

Das Bild wandelt sich allerdings, wenn man ins 50 Kilometer entfernte Naivasha fährt. Es ist die letzte Station der chinesischen Zugstrecke in Kenia. Die geschäftige Stadt liegt an einem für seine Schönheit berühmten See. Das Land ist üppig, grün und fruchtbar. Die Nähe zu Geothermalquellen und damit zu billiger Energie und Wärme hat dafür gesorgt, dass sich in der Stadt eine Blumenindustrie angesiedelt hat. Gewächshäuser und Touristenresorts wechseln sich ab. Die Blumen werden zum Flughafen Nairobi gebracht und in die Niederlande geflogen, von wo sie über ganz Europa verteilt werden. Die Wahrscheinlichkeit, dass die Tulpen in einem deutschen Supermarkt aus Nayvasha kommen, ist nicht klein: Kenia hat einen globalen Marktanteil von rund 20 Prozent, und die meisten von ihnen kommen aus dieser Gegend.

Es ist Sonntag, und Absalom Mukuusi, Vorsitzender der Handelskammer von Nayvasha, möchte unbedingt, dass ich seinen Pfarrer kennenlerne, der uns in einer Kirche aus Wellblech empfängt und fragt, ob wir Jesus schon getroffen hätten. Absalom aber ist ein rationaler Mensch, der die lokale Wirtschaft gut im Blick hat. »Wir stellen auf jeden Fall eine positive Entwicklung fest«, sagt er. »Das lässt sich gut daran quantifizieren, wie viele Hotels und Airbnbs in den vergangenen zwei Jahren eröffnet haben. Wenn es um wirtschaftliches Wachstum geht, sprechen wir auch immer über Netzwerk-Effekte. Das eine zieht das andere an.«

Hinzu kam die Sonderwirtschafts-und-Industriezone, in der sich gerade ein türkisches Unternehmen angesiedelt hat. Weitere wie Textilunternehmen werden folgen und viele Arbeitsplätze schaffen, glaubt er. »Die chinesischen Investitionen waren auf jeden Fall gut«, sagt Absalom. »Die chinesischen Unternehmen liefern, sie sind zuverlässig.«

Auch den Trockenhafen von Suswa hält er für eine gute

Idee. »Suswa und Nayvasha liegen im selben Verwaltungsbezirk, aber die Region von Suswa ist wirtschaftlich weit abgeschlagen. Der Trockenhafen ist die einzige Möglichkeit, etwas Wachstum in die Region zu bringen, anstatt alles auf Nayvasha zu konzentrieren.«

Offen aber bleibt auch für ihn die Frage, warum die Zugstrecke nicht weitergebaut wurde. Eine bessere Anbindung an den Flughafen von Nairobi und den Hafen von Mombasa gibt es zwar jetzt, aber die Idee war ja eigentlich, die Region besser an Uganda und andere Nachbarstaaten anzubinden. Dafür aber müsste man die Strecke ins 150 Kilometer entfernte Kisumu am Victoriasee weiterbauen.

Es ist noch zu früh, ein Fazit über chinesische Investitionen in Afrika zu ziehen. Vieles davon steckt noch in den Anfängen und erfordert mehr Zeit, um ein Urteil zu fällen, und vieles wird ambivalent bleiben. Der Kommunistischen Partei Chinas bei all ihren Engagements auf dem Kontinent maliziöse Absichten zu unterstellen, greift zu kurz. Vor allem würden viele Afrikaner schlicht widersprechen. Nahezu jedes Land südlich der Sahara braucht dringend mehr Häfen, Flughäfen, Straßen, Autobahnen und Zugstrecken. Und spätestens seit dem Konjunkturprogramm 2009 ist Peking Spezialist, wenn es um den Aufbau von Infrastruktur geht. Keinem anderen Land ist es gelungen, in derart kurzer Zeit eine so gewaltige Menge an Riesenprojekten zu stemmen. Warum also dieses Know-how nicht dort nutzen, wo es am dringendsten gebraucht wird?

Natürlich profitiert Peking von einer Bahnstrecke, die es möglich macht, seltene Metalle vom Inneren des Kontinents an die Küste zu liefern und dann nach Ostasien zu verschiffen. Doch was sollte daran verwerflich sein, wenn ein solches Projekt gleichzeitig Wirtschaftswachstum in die angeschlossenen Länder bringt? Es ist dies die Win-win-Situation, die Peking immer wieder beschreibt.

Im Gegensatz zu den chinesischen Investments gestaltet sich die westliche Entwicklungshilfe oft kompliziert. Nicht wenige Afrikaner sind frustriert von dem, was sie als Doppelmoral und übertriebene Vorschriften empfinden. Die angeblich durch eine Rattenpopulation gestoppte Straße, von der mir Shikwatti erzählte, steht beispielhaft dafür. Für Unmut sorgten dagegen die Privatisierungs-Vorschriften, von denen westliche Institutionen wie der IWF und die Weltbank jahrelang Kredite abhängig machten. Ob diese langfristig sinnvoll und nützlich sind, darüber lässt sich lange streiten. Tatsache ist, dass diese oft ohne Augenmaß vollzogen wurden und sich einige Politiker die Taschen füllten.

Und schließlich kommt aus der EU und den USA schlicht viel weniger Geld nach Afrika: Seit 2005 hat die kenianische Investitionsbehörde 313 chinesische Projekte mit einem Volumen von 1,55 Milliarden US-Dollar registriert. Im selben Zeitraum sollen aus den USA lediglich 313 Millionen geflossen sein. Dies decke sich mit den Trends auf dem gesamten Kontinent.

Das Geld aus Peking kommt ohne Fragen, Forderungen und Vorschriften. Scheinbar. Dass das ambitionierte

Projekt, die Hauptstädte Ostafrikas an ein Bahnnetz anzuschließen, plötzlich versackte und nicht weiterverfolgt wird, lässt zwei Schlüsse zu: Entweder haben sich die Planer verkalkuliert, oder das Projekt ist aus anderen Gründen, die so nicht vorgesehen waren, gescheitert. Auch das wäre prinzipiell nichts Neues. Wie im folgenden Kapitel beschrieben, existieren auch in der Volksrepublik Brücken ins Nirgendwo und ganze Geisterstädte. Das ist eben der Preis des Prinzips »Erst bauen, die Leute kommen später«.

Oder aber, und dies ist die negative Interpretation des chinesischen Vorgehens in Afrika, die Rentabilität der Projekte wie der Standard Gauge Railway stand nie im Vordergrund. Priorität hätte es für Peking demnach, einen Fuß in die Tür zu kriegen, Abhängigkeiten zu schaffen, um einen geostrategischen Hebel ansetzen zu können. Das mahnende Beispiel für diese Politik ist stets Sri Lanka und der Hafen von Hambantota.

Es sind vor allem die wirtschaftlich unsinnigen Projekte, die an den Intentionen der chinesischen Strategie zweifeln lassen. Zwar lässt sich das eine oder andere ineffiziente Megaprojekt mit schlechter Planung oder ultralangfristigem Denken erklären. An vielen Stellen aber bietet sich eben auch das Konzept der »Debt Trap Diplomacy«, der Schuldenfallen-Diplomatie, an. Schon 2018 hatte China die Weltbank als größten Gläubiger Kenias abgelöst. 67 Prozent der gesamten Auslandsverschuldung Kenias liegen mittlerweile bei Peking. Tatsache ist eben auch, dass Nairobi schon jetzt Probleme hat, die Kredite zurückzuzahlen, und im Oktober 2022 darum gebeten hat, diese auf 50 Jahre zu verlängern. Bisher aber hat Peking dies abgelehnt.

Auch an dieser Stelle dürfte es sich um eine Überlappung verschiedener Ziele handeln. Peking hat langfristige wirtschaftliche und sicherheitspolitische Interessen in Afrika. Um diese zu erreichen, dürfte die Partei aber sicherer fahren, wenn sie die Empfängerländer nicht verärgert. Den bei der Bevölkerung ohnehin unbeliebten Chinesen dürfte es nicht helfen, auch noch korrupte Politiker gegen sich aufzubringen. Tatsache ist aber auch, dass es eine gewisse Asymmetrie gibt hinsichtlich der Zeithorizonte, auf denen Geber und Empfänger operieren. Die chinesischen Unternehmen in Afrika handeln in enger Abstimmung mit den Kadern in Peking, und deren Motive wiederum basieren auf langfristigen strategischen Plänen. Diese Weitsicht fehlt den Politikern, die das chinesische Geld entgegennehmen. James Shikwatti bringt es mit dem Satz auf den Punkt: »Die Chinesen denken langfristig, aber wir schicken kurzfristig denkende Politiker in die Verhandlungen. Das ist unsere Schwäche.«

Peking
CHINA
Shanghai
Guangzhou

6.

THE GREAT GAME I: DIE FABRIK DER WELT

»Zeit ist Geld, Effizienz ist Leben.«

YUAN GENG, CHINESISCHER REVOLUTIONÄR

Am 29. November 2022, kurz nachdem in zahlreichen chinesischen Städten Menschen gegen die absurde Zero-Covid-Politik auf die Straße gegangen waren, erreichte die Meldung die internationalen Nachrichtenagenturen, dass Jiang Zemin im Alter von 96 Jahren gestorben sei. Er war zwischen 1993 und 2003 Präsident der Volksrepublik.

Wie sehr sich das China um die Jahrtausendwende vom heutigen unterscheidet, darüber gibt ein Interview mit Jiang Zemin kurz vor der Übergabe Hongkongs an China 1997 Aufschluss. Eine Reporterin fragt Jiang etwas über die Ernennung von Tung Chee-hwa zum ersten »Chief Executive« der Sonderverwaltungszone Hongkong. Jiang gefällt die Frage nicht. Doch anstatt sie zu ignorieren, verliert er auf sympathische und witzige Art die Fassung. Er beschwert sich auf Mandarin über die mangelnden Kenntnisse der Journalistin, streut Worte auf Kantonesisch und Englisch ein, steht auf, lacht, gestikuliert, grinst, setzt sich wieder. Die Szene hat nichts Herabwürdigendes gegenüber der Fragestellerin. Auch die Anwesenden lachen - aber aus Anerkennung und Ehrfurcht. Es scheint, als gäbe es eine Art Nähe und Respekt zwischen den Regierenden und Regierten.

Ein Interview dieser Art mit dem amtierenden Präsidenten Xi Jinping ist undenkbar. Xi regiert nicht erst seit den Zero-Covid-Bestimmungen abgeschirmt, ja abgehoben vom Volk. Er entzieht sich jeder erdenklichen kritischen Frage. China unter Xi hat sich verschlossen.

Das China Jiangs dagegen war auf dem Weg, sich in die Weltgemeinschaft zu integrieren. In seine Regierungszeit fällt der Beitritt des Landes zur Welthandelsorganisation. Dies erst ermöglichte den beispiellosen Wirtschaftsaufschwung nach 2001, an dem die ganze Welt mitverdiente. Auch sein Nachfolger Hu Jintao stand noch unter dem Eindruck dieser Ära. Die Olympischen Spiele in Peking 2008 und die Weltausstellung in Shanghai 2010 zeigten der Welt: China öffnet sich. Und so macht der Tod Jiang Zemins nochmals deutlich, wie dramatisch sich die Zeiten geändert haben.

Wer dem Wesen der Neuen Seidenstraße näherkommen möchte, muss noch einige Jahre weiter zurückgehen, in die Zeit bevor Jiang Präsident wurde. Nach dem Tiananmen-Massaker 1989 war das Regime zunächst international isoliert. Die blutige Niederschlagung der Studentenproteste hatte die Weltöffentlichkeit schockiert. Jiang war zu dieser Zeit Bürgermeister in Shanghai. Das Sagen hatte Deng Xiaoping in Peking. In seiner Stadt kam es damals kaum zu Gewalt, ein Heiliger war er trotzdem nicht. Denn auch Jiang Zemin hatte im Mai 1989 vehement die Ausrufung des Kriegsrechts vertreten, das den Einsatz von Soldaten und Panzern auf dem Platz des Himmlischen Friedens am 4. Juni erst ermöglichte. Aus Sicht der Kommunistischen Partei war diese Reaktion notwendig, um ihr Überleben zu gewährleisten. Sie fühlte sich durch die Entwicklungen in der Sowjetunion und in den Staaten des Warschauer Pakts ein Jahr später bestätigt. Noch heute studieren die Parteikader die Ereignisse, die zum Zerfall des Ostblocks geführt haben. International gesehen konnte es aus Sicht Pekings nur besser werden, denn in gewisser Weise markierten die westlichen Sanktionen nach dem Massaker von 1989 den Tiefpunkt. Schlimmer wären nur ein Krieg mit den USA oder der Verlust der Herrschaft im eigenen Land gewesen. Die Parteiführer wissen, dass sie einen Trumpf in der Hand halten: ein relativ gut ausgebildetes Heer von Millionen billiger Arbeitskräfte.

1992 tritt der damalige Führer Deng Xiaoping zu seiner »Südlichen Tour« auf, die viele als Beginn der Öffnungspolitik Chinas sehen. Deng reist nach Shanghai, aber vor allem nach Guangzhou, Zhuhai und Shenzhen – Letzteres damals noch eine Kleinstadt mit weniger als 100.000 Einwohnern. Seine marktwirtschaftlichen Reformen begründet er mit einem berühmt gewordenen Satz:

»Egal, ob die Katze weiß oder schwarz ist – Hauptsache, sie fängt Mäuse!« Deng umwirbt ausländische Investoren, in China Fabriken zu eröffnen. Vor allem aus dem boomenden Hongkong, das damals noch Kronkolonie Großbritanniens ist, investieren nun viele auf dem Festland. Im Perlflussdelta, und in geringerem Maße auch in Shanghai entstehen unzählige Fabriken, die billig für den Weltmarkt produzieren. Aus dem Fischerdorf Shenzhen wächst so innerhalb von nicht einmal 30 Jahren eine hypermoderne Hightech-Metropole. »Zeit ist Geld, Effizienz ist Leben«, heißt es noch heute auf einer Tafel im Bezirk Shekou. Der Spruch, den der ehemalige Revolutionär Yuan Geng ausrief, sollte den neuen kapitalistischen Geist verdeutlichen.

Chinesische Arbeitskräfte galten bei ausländischen Investoren damals als fleißig, lernwillig, anspruchslos und vor allem günstig. Später prägt sich der Begriff »Wanderarbeiter« im westlichen Bewusstsein ein. Die teils schlechten Arbeitsbedingungen und niedrigen Löhne als »Ausbeutung« pauschal abzutun, greift zu kurz. Die gibt es zwar, aber gleichzeitig strömen freiwillig Millionen von Chinesen nun nach Südchina und Shanghai, weil sie in den dortigen Fabriken ein Vielfaches verdienen können. Sie produzieren im Akkord Kugelschreiber, Spielzeug, Gartenmöbel und später auch immer komplexere Produkte wie iPhones. China wird zur »Fabrik der Welt«.

Für die meisten westlichen Volkswirtschaften ist das eine durchaus positive Entwicklung. Während deutsche Unternehmen anfangs noch darauf abzielen, billiger Autos produzieren zu können, wird Politik und Wirtschaft schnell klar: Das wirkliche Potenzial Chinas liegt in seiner gigantischen Bevölkerung. Kommen die Chinesen erst einmal zu Geld, entsteht hier der weltgrößte Absatzmarkt für deutsche Autos und Maschinen. BMW, Daimler und vor allem Volkswagen bauen deswegen in China eigene Werke. Dass sie dafür Joint Ventures mit chinesischen Staatsunternehmen eingehen müssen, die ihnen nach und nach die Technologie absaugen, ist zwar konstantes Ärgernis, aber die fetten Gewinne und Wachstumsprognosen lassen darüber hinwegsehen.

Die wirkliche Tragweite dieser Entwicklung aber dürfte wahrscheinlich erst in ein paar Jahren erkannt werden, wenn nicht nur Produktionskapazitäten, sondern auch Forschung und Entwicklungsabteilungen nach China abgewandert sind.

Etwas anders sieht das Verhältnis zu den USA aus. Zwar erkennen auch hier zahlreiche Unternehmen, wie zum Beispiel General Motors, das Potenzial des chinesischen Marktes. Im Vordergrund der Beziehung aber stehen billige chinesische Produkte, die in den USA verkauft werden. Für amerikanische Konsumenten ist diese Entwicklung zunächst großartig. Alltagsprodukte werden immer günstiger. Die amerikanischen Supermärkte füllen sich mit billigen Waren »Made in China«. Immer mehr amerikanische Unternehmen lagern ihre Produktion nach China aus.

Dass nach und nach auch die Arbeitsplätze für Geringqualifizierte verschwinden, fällt vielen Amerikanern erst auf, als es zu spät ist. Der preisgekrönte Film »American Factory« aus dem Jahr 2019 behandelt dieses Thema eindringlich. Die Dokumentation erzählt von einem chinesischen Unternehmer, der durch die Produktion von Waren für den amerikanischen Markt reich geworden ist. Mit dem Geld nun expandiert er und kauft eine stillgelegte Fabrik, wo er auf frustrierte amerikanische Arbeitnehmer und einen kämpferischen Betriebsrat trifft. Drei Jahre zuvor ist Donald Trump nach einem polarisierten Wahlkampf zum US-Präsidenten gewählt worden, weil er genau diese Entwicklung thematisierte.

Für China hat dies einen völlig anderen Effekt: Je mehr Waren das Land in die Welt exportiert, desto mehr Dollar erhält es. Da die chinesische Währung und damit auch die einheimischen Löhne künstlich niedrig gehalten werden, wächst der Berg an US-Dollar Jahr für Jahr. Was tun mit dem Geld? Man kauft damit amerikanische Staatsanleihen, die neben Gold als sicherste Anlage der Welt gelten und noch dazu damals eine ordentliche Verzinsung aufwiesen. Im Oktober 2013, dem Startjahr der Neuen Seidenstraße, hatten die sogenannten US-Treasuries (Staatsanleihen) im Besitz Pekings einen Höchststand erreicht: rund 1,3 Billionen US-Dollar.[2]

2 Seitdem haben die chinesischen Dollar-Reserven abgenommen. 2022 lagen sie bei rund 971 Milliarden US-Dollar, damit ist Japan wieder der größte ausländische Gläubiger der USA.

Zurück ins Jahr 2001 – das vielleicht wichtigste Jahr in Chinas jüngerer Geschichte. Nachdem Peking den Amerikanern seine Unterstützung im Kampf gegen islamistische Terroristen zugesichert hat, gibt Washington grünes Licht für die Aufnahme des Landes in die Welthandelsorganisation. Für das Regime der Kommunistischen Partei bedeutet dies das Ende des Paria-Status. Nun strömen noch mehr Investitionen ins Land, das Wirtschaftswachstum erreicht schwindelnde Höhen. Zeitungen und Magazine in aller Welt berichten regelmäßig über das chinesische »Wirtschaftswunder«. Immer mehr Westler wollen für einige Jahre nach China ziehen. In Peking und Shanghai entstehen lebhafte ausländische Communitys.

Dieser Trend verstärkt sich nochmals nach der Finanzkrise 2008. Nach dem Crash des Immobilienmarkts und der Pleite der Lehman-Bank schlittert die westliche Welt in eine der schwersten Wirtschaftskrisen der Geschichte. Das Verhältnis zwischen den USA und China ist damals gut. Es wird sogar noch besser, als Peking eines der größten Investitionspakete der Geschichte auflegt. Umgerechnet 700 Milliarden US-Dollar werden in den kommenden Jahren in den Aufbau der chinesischen Infrastruktur gesteckt. Die scheinbar nie endende Nachfrage aus China bringt die Weltwirtschaft wieder in Schwung. Die globale Konjunktur springt an, eine Wirtschaftskrise wie in den 1930er Jahren wird durch die chinesischen Investitionen und eine ultralockere Geldpolitik seitens der westlichen Zentralbanken vermieden.

Überall im Land werden Flughäfen, Häfen, Brücken,

Autobahnen und Zugstrecken gebaut. Besonders das nun entstehende Netz von Hochgeschwindigkeitszügen beeindruckt Chinesen wie Ausländer gleichermaßen. Die Technik für diese Züge hat man sich bei Siemens und beim japanischen Konzern Kawasaki abgeschaut. Die Reisezeit von Peking nach Shanghai verkürzt sich von zwölf auf vier bis fünf Stunden. Das Reiseerlebnis ist nicht zu vergleichen mit Zugfahrten wenige Jahre zuvor, auf denen geraucht, getrunken, geschlafen und gesungen wurde. Wer ab 2010 am Shanghaier Bahnhof Hongqiao in einen Zug nach Peking steigt, fühlt sich wie am Flughafen. Fast lautlos gleitet der Zug die knapp 1200 Kilometer durch die zersiedelte Landschaft. In den folgenden Jahren wird dieses Zugnetz beständig ausgebaut. Mittlerweile hat China mit über 40.000 Kilometern das weltweit größte Hochgeschwindigkeitszugnetz. Jede größere Stadt des Landes ist daran angeschlossen. Selbst in die entlegenen Hauptstädte der Regionen Tibet und Xinjiang, Lhasa und Urumqi reicht das Netz.

Das Konzept »Erst bauen, die Leute kommen später« funktionierte in China erstaunlich oft. Noch in den 90ern galt der Shanghaier Stadtteil Pudong, »Pharaonen-Grab«, als eine gigantische Fehlinvestition. Heute kann davon keine Rede mehr sein. Mit seiner futuristischen Skyline rund um den Shanghai Tower, das mit 632 Metern dritthöchste Gebäude der Welt, ist eine Ikone des chinesischen Wirtschaftsaufschwungs entstanden, Millionen Menschen halten sich hier auf.

Doch der künstliche Boom hat auch Schattenseiten,

über die Peking weniger gern spricht. Weil das Geld locker sitzt und viele Leute mitverdienen, entstehen auch zahlreiche Projekte, die keinen Sinn ergeben. (Ein Muster, das sich später in anderen Ländern zu wiederholen scheint.)

Eines der drastischsten Beispiele ist die Geisterstadt Ordos, die es immer wieder in die internationale Presse schafft, weil sie Sinn und Irrsinn von Chinas Infrastrukturboom gut verdeutlicht. Ordos liegt in der Inneren Mongolei und dort in einer Region, in der um die Jahrtausendwende neue Kohle- und Gasvorkommen entdeckt wurden. Da die lokalen Politiker von einem Boom ausgingen, ließen sie die Planstadt Kangbashi für rund 300.000 Einwohner entwerfen. Als ich den Ort 2013 besuchte, lebten dort gerade einmal 5000 Menschen. Es war eine bizarre Szenerie, alles war intakt, aber verwaist. Ampeln sprangen an Straßen von Rot auf Grün, über die nicht ein Auto fuhr. In Sichtweite erhob sich das neue »Finanzzentrum«, vier steil aufragende Wolkenkratzer, in denen nie eine Transaktion getätigt wurde. Später wurde Kangbashi nochmals ausgebaut, um insgesamt eine Million Menschen aufzunehmen, die mit wenig Erfolg von den lokalen Politikern in die Kunststadt gedrängt wurden.

Ordos und die Planstadt Kangbashi sind drastische Beispiele. Aber die Schattenseiten von lockerem Geld, politischen Fehlanreizen und fehlenden Studien sind überall im Land zu sehen: Brücken ins Nirgendwo, bizarre Nachbauten von europäischen Städten wie zum Beispiel in Tianducheng in der Provinz Zhejiang, wo eine Replica des Pariser Eiffelturms steht, und leere Provinzflughäfen.

Es dauerte jedoch nicht lang, bis den Entscheidern in Peking auffiel, wie viel Geld in den Provinzen für unsinnige Projekte verschleudert wurde. Im gleichen Zeitraum stieg die Verschuldung vieler lokaler Regierungen stark. Solang das Geld produktiv angelegt ist, ist eine hohe Schuldenquote kein so großes Problem. Bringen die neuen Projekte aber nicht die erhoffte Rendite, ändert sich das. Hinzu kam: In absehbarer Zeit würden eben alle Zugstrecken, Flughäfen und Wohnanlagen gebaut sein.

Man kann es auch so sehen: Durch den gewaltigen Infrastruktur-Boom nach der großen Finanzkrise 2008 hatte China gewaltige Überkapazitäten aufgebaut. Daran hat sich bis heute kaum etwas geändert: Derzeit produziert China rund 80 Millionen Tonnen Stahl im Jahr. Das ist doppelt so viel wie die nachfolgenden zehn Staaten zusammen, zu denen Industriegiganten wie Japan, Deutschland und die USA zählen. Ähnlich sieht es bei Beton, Zement und anderen Baustoffen aus. An der Produktion wiederum hängen Hunderttausende von Arbeitsplätzen.

China drohte zu dieser Zeit in die »Falle des mittleren Einkommens« zu rutschen. So nennen Ökonomen den Punkt, an dem Schwellenländer in ihrer Entwicklung oft stocken: Anfänglich strömen viele Investitionen in das Land mit seinen niedrigen Löhnen. Oft ist es die Textilbranche, die als eine der ersten Industrien kommt. Das Wachstum in dieser Phase ist oft rasant und zieht das Interesse internationaler Kapitalgeber auf sich. Mit der Zeit aber steigen die Löhne, und der Wirtschaftsstandort verliert an Attraktivität. Die produzierende Industrie, die auf Billiglöhne angewiesen ist, beginnt nun weiterzuziehen. In dieser Zeit muss es dem Land gelingen, die Wertschöpfungskette zu verbessern, also hochwertigere Produkte herzustellen. Dafür aber muss rechtzeitig in Bildung, Forschung und Entwicklung investiert werden. Als Beispiel für eine gelungene Entwicklung dieser Art gelten Südkorea und Taiwan – beide in den 50er Jahren noch kaum industrialisierte Staaten mit geringem Pro-Kopf-Einkommen. Heute sind sie bekannt für ihre Hightech-Industrie. Weniger gut ist dies zum Beispiel Thailand oder den Philippinen gelungen – nach einem anfänglichen Boom stagnieren diese Staaten eher in ihrer wirtschaftlichen Entwicklung.

Wo sich China aktuell befindet, darüber lässt sich lange debattieren. Auf jeden Fall dürfte den Entscheidern in Peking die Gefahr der »Falle des mittleren Einkommens« früh bewusst gewesen sein. Wollte man nicht wie zahlreiche Tigerstaaten nach der Asienkrise 1997 enden, musste man sich eine neue Hightech-Produktion erschließen und – vielleicht noch wichtiger – für stetes Wachstum sorgen.

Fasst man all diese Entwicklungen zusammen, entsteht ein Bild, das Aufschluss über die Motive der chinesischen Führung erlaubt. Zum Regierungsantritt Xi Jinpings 2012/13 befand sich Peking demnach in einer zwiespältigen Lage. Zum einen saß man auf einem Devisenberg von 1,3 Billionen US-Dollar. Das Geld warf aber immer weniger Zinsen ab, und das Verhältnis zu den USA begann sich zu verschlechtern – die Anlage wurde folglich unsicherer. Zudem neigte sich der Infrastruktur-Boom im eigenen Land dem Ende zu. Die entstandenen Produktionskapazitäten aber waren gewaltig. Die damit verbundenen Arbeitsplätze in der Stahl- und Zementindustrie abzubauen, würde über kurz oder lang zu sozialen Problemen führen. Da chinesische Unternehmen aber in den vergangenen 15 Jahren viel Erfahrung beim Bau von Großprojekten gesammelt hatten, lag die Lösung nah: Warum nicht diese drei Faktoren kombinieren und damit ins Ausland expandieren?

Das Prinzip hieß: Kredite in Dollar, von denen Peking so viele besitzt, an ausländische Regierungen zu vergeben. Mit dem Geld können diese Staaten Infrastrukturprojekte planen, die wiederum von chinesischen Firmen umgesetzt werden. Nebenbei schafft man sich langfristig Absatzmärkte für chinesische Produkte und sichert sich im Gegenzug Energie und Rohstoffe im Empfängerland. Und nicht zuletzt weitet China so seinen geostrategischen Einfluss aus, denn die Empfängerländer gehen nun engere Beziehungen mit Peking ein. Ein Win-win für alle Beteiligten, heißt es aus Peking. Kritiker sprechen allerdings eher von einem Double-win für China.

2013 fasste Xi Jinping diese Aktivitäten unter dem Begriff Neue Seidenstraße zusammen. 2017 legte er nach: Auf einem Gipfel in Peking kündigte er ein 900-Milliarden-Dollar-Programm an. Das Projekt wurde zudem in die chinesische Verfassung aufgenommen. Gesellschaftlich begann sich China zu verschließen – doch die chinesischen (Staats-)Unternehmen schwärmten nun aus: mit Dollars und Produkten.

KASACHSTAN
Almaty
Khorgos
USBEKISTAN
TURKMENISTAN
KIRGISISTAN
TADSCHIKISTAN

7.

VOR ORT IN ZENTRALASIEN: VON RUSSLANDS HINTERHOF ZU CHINAS VORGARTEN

»Zentralasien war Russlands Hinterhof
und wird nun Chinas Vorgarten.«
XI JINPING, CHINESISCHER PRÄSIDENT

»Passport, Passport«, sagt der Soldat. Ein Foto meines Passes auf meinem Handy genügt ihm nicht. Er ruft seinen Chef und bedeutet meinem Fahrer Oleg und mir zu warten. Die Novembersonne im kasachisch-chinesischen Grenzgebiet ist noch warm, und so vertreten wir uns die Beine an dem kleinen Wachposten, hoffend, dass sich das Problem schnell erledigt. Tut es aber nicht. Eine halbe Stunde später bremst ein Militärjeep scharf an der Schranke. Vier Soldaten mit Gewehren und ein Hund springen heraus.

Oleg und ich befinden uns kurz vor der kasachischen Grenzstadt Khorgos, einem Knotenpunkt der Neuen Seidenstraße, wo Güterzüge aus dem chinesischen Chongqing kommend verladen werden. Ich hatte einen Besuch der Stadt geplant, um zu sehen, wie sich das Seidenstraßenprojekt vor Ort auswirkt. Aber im November 2022 gilt noch die strikte Zero-Covid-Politik in China. Und die hat Auswirkungen auf das Nachbarland Kasachstan: Die Grenzstadt Khorgos darf auch auf kasachischer Seite nur betreten, wer eine Spezialgenehmigung hat, wie ich am Wachposten erfahre.

Eigentlich habe ich es mir zur Gewohnheit gemacht, meinen Pass bei solchen Reisen immer bei mir zu haben. Nur ausgerechnet an dem Morgen, als wir von Almaty nach Khorgos aufbrachen, habe ich ihn im Hotelzimmer liegen lassen.

Der Soldat ist Anfang 20 und spricht kein Englisch. Wir verständigen uns mit Google Translate. Er sagt, ich habe das Gesetz gebrochen. Auf mein Angebot, die Strafe (etwa 15 Euro) gleich hier und jetzt zu bezahlen, lässt er sich nicht ein.

»Nein, so läuft das hier nicht. Das muss alles aufgenommen werden.«

Es folgt ein zweistündiges Verhör in einem kleinen Holzhaus, in dem gerade einmal drei Personen Platz haben: Der Soldat sitzt, mein Fahrer Oleg und ich stehen.

Ich sei Tourist und hätte gehört, hier in Khorgos sei der größte Containerbahnhof der Welt, sage ich.

»Warum interessiert Sie das?«, fragt er.

»Ich habe lange in China gelebt und interessiere mich noch immer für das Land«, antworte ich. Das ist zumindest keine Lüge. Von einem Buchprojekt muss er ja nichts wissen. Aber gleich danach fürchte ich, dass ich immer tiefer in eine Situation rutsche, die Assoziationen an finstere Sowjetzeiten weckt.

»Was haben Sie in China gemacht?«, fragt er.

»Ich habe für Unternehmen recherchiert«, lüge ich, in der Annahme, dass alles nur noch schlimmer wird, sobald er erfährt, dass ich Journalist bin.

Abermals biete ich ihm Bargeld an.

»So geht das hier nicht«, sagt er. »Das muss alles in das System aufgenommen werden. Da heute Sonntag ist, geht das erst morgen.« Dann könne ich in Almaty bei einer Bank die Strafe zahlen. Vorher dürfe ich das Land nicht verlassen.

Ich komme ins Schwitzen, da morgen Vormittag mein Flug von Almaty nach Taschkent geht, und bitte ihn ein letztes Mal, doch mein Bargeld zu nehmen. Erfolglos. Stattdessen wirkt er verärgert und unsicher zugleich – keine gute Mischung.

Er beginnt, zwei handschriftliche Protokolle zu schreiben, eines in russischer Sprache und Schrift, ein zweites auf Kasachisch. Die Sonne versinkt währenddessen langsam hinter der Steppe. Wir warten und warten.

Der Ort, an dem wir uns befinden, soll »das Dubai Zentralasiens« werden. »Kein anderes Projekt in Zentralasien fängt diese chinesische Vision besser ein als Khorgos Gateway«, schreibt der Analyst Jacob Mardell vom Mercator Institut für China Studien in einem Aufsatz über Khorgos. Von Xi

Jinping und der chinesischen Propaganda »angepriesen als Kronjuwel des wiederauflebenden Ost-West-Handels entlang der BRI wird das Khorgos Gateway, das in der Nähe des ›eurasischen Pols der Unzugänglichkeit‹ liegt, von internationalen und chinesischen Medien als Handelszentrum dargestellt, das aus dem Wüstenstaub und der bisherigen geografischen Versenkung auferstanden ist. Die Realität ist etwas prosaischer«, so Mardell.

Prosaisch trifft es gut. Hier auf der kasachischen Seite werden die Container, die vom chinesischen Chongqing kommen, auf Züge mit anderer Gleisbreite verladen, wie sie in den Staaten der ehemaligen Sowjetunion üblich ist. An der polnisch-belarussischen Grenze wiederholt sich der Prozess, weil sich die Breite erneut ändert.

Über vier Stunden dauert die Fahrt von Almaty zum Grenzort Khorgos. Gleich hinter der modernisierten Innenstadt von Almaty ändert sich das Bild, die Häuser werden kleiner, baufälliger und armseliger. Überlandrohrleitungen winden sich um die Hütten, verschiedene Farben kennzeichnen, ob darin Kochgas, Heizgas oder Treibstoff fließt. Wiederholt tauchen seltsam deplatziert wirkende Säulenhallen auf, ein Ausweis des neuen, ungleich verteilten Ölreichtums. Sie sind hauptsächlich für Hochzeitsbanketts errichtet worden, absurd in Größe wie Anzahl. Die Ausläufer der Zwei-Millionen-Stadt weichen nach 40 Minuten der Steppe. Es ist eine Landschaft, die manchmal trostlos wirkt und dann wieder eine faszinierende Schönheit ausstrahlt in ihrer fast baumlosen Weite.

Kasachstan ist das flächenmäßig neuntgrößte Land der Welt mit einer zusammengewürfelten Bevölkerung aus turkstämmigen Kasachen und Russen, aber auch aus Deutschen und sogar Koreanern, die unter Stalin hier in den 30er und 40er Jahren zwangsangesiedelt wurden – halb zur Strafe, halb als Sicherheit für den Diktator, dass sie hinter der Front keinen Unfug anrichten. In den vergangenen Jahrhunderten war Kasachstan vor allem eines: Peripherie. Vor dem Zusammenbruch der Sowjetunion blieb die Grenze nach China über Jahrzehnte geschlossen. Vom »Hinterhof des Imperiums« war die Rede. Nun aber soll die Region so etwas wie das Zentrum des Welthandels werden und an die glorreichen Tage der alten Seidenstraße anknüpfen.

Das Khorgos Gateway, der größte Trockenhafen der Welt, liegt nördlich des Tianshan-Gebirges und damit auch einige Hundert Kilometer nordöstlich der »Dsungarischen Pforte«, eines Gebirgspasses, der als historisches Eintrittstor der alten Seidenstraße nach Zentralasien gilt. Das neue Khorgos Gateway liegt näher an der chinesischen Wirtschaftsmetropole Urumqi. Die Hauptstadt der autonomen Region Xinjiang ist mittlerweile mehrheitlich von Han-Chinesen bewohnt und hat der historischen Seidenstraßenstadt Kashgar längst den Rang abgelaufen. Seit 2014 verbindet ein Hochgeschwindigkeitszug Peking mit dem 4000 Kilometer entfernt liegenden Urumqi und verkürzt die Reisezeit auf zwölf Stunden. Von dort wären es allerdings nochmals rund zwölf Stunden mit einem Passagierzug nach Khorgos, oder Huoerguosi, wie die Stadt auf

Chinesisch heißt. Güterzüge legen die Strecke wesentlich schneller zurück.

Khorgos ist das Nadelöhr und gleichzeitig der Knotenpunkt des Güterverkehrs der Neuen Seidenstraße. Genau das ist der Grund, weshalb der Ort propagandistisch so aufgeladen ist. Wenn die alte Seidenstraße irgendwo wirklich wiederbelebt wird, dann hier. Zur Rechten erstreckt sich das weite Gelände des Trockenhafens, eine Container-Einöde von 130 Hektar Fläche. Einige Kilometer von jenem Militär-Checkpoint entfernt, an dem wir mehrere Stunden feststecken, sind die Hochhäuser auf der chinesischen Seite zu erkennen. Dort soll das »Khorgos International Center of Cross-Border Cooperation« (ICBC) mehrere Fünf-Sterne-Hotels umfassen und Unternehmer aus beiden Ländern anziehen.

Um die heimische Wirtschaft nicht allzu sehr zu schädigen, hat die kasachische Regierung ein Gesetz erlassen, wonach man nur einmal im Monat ins Shopping-Centre auf der chinesischen Seite darf. Der Einkauf ist auf 500 Euro und ein Gewicht von 25 Kilogramm beschränkt. Trotzdem sollen vor der Pandemie 5000 Kasachen täglich die Grenze passiert haben, um billige chinesische Waren zu kaufen.

Im kasachischen Khorgos sind keine Hochhäuser zu sehen, und auch das wenige Kilometer entfernte Scharkent ist so trostlos und verschlafen, wie man sich eine Grenzstadt in der vergessenen Mitte Eurasiens im Spätherbst vorstellt.

Hier verläuft seit Ende 2012 eine Strecke, die bei ihrer Eröffnung noch wie ein irrer, aber großartiger Plan klang: eine Bahnverbindung vom südchinesischen Chongqing nach Duisburg. Tatsächlich verkehrt der Zug mehrmals die Woche. Elf Tage etwa dauert die Reise von Zentralchina an den Rhein. Das Umladen der Container auf Züge mit der richtigen Gleisbreite soll in 50 Minuten vonstattengehen. Dafür sorgen sieben gigantische Kräne. Geleitet wird dies vom chinesischen Unternehmen Cosco, dem 49 Prozent der Anteile gehören. Der Zug teilt sich später westlich von Almaty in zwei Strecken auf: Eine führt über Russland ins deutsche Duisburg, eine andere nach Teheran.

Eine Konkurrenz zum Seehandel aber ist die Zugstrecke derzeit nicht. Den Plänen zufolge sollen bis zu 30 Millionen Tonnen pro Jahr darauf befördert werden. Anders ausgedrückt: 2018 wurden in Khorgos 130.000 Standardcontainer umgesetzt, im Branchenjargon TEU abgekürzt (Twenty Foot Equivalent Units). 2021 waren es bereits 210.000 TEU.

Das klingt zunächst viel, ist es aber bei genauerem Hinsehen nicht. Denn ein normales Containerschiff transportiert etwa 20.000 TEU, also schon ein Zehntel der Menge. Selbst wenn sich in den kommenden Jahren also die auf der Schiene transportierte Gütermenge noch erheblich steigern würde – bis zu einer echten Konkurrenz zum Seeweg wäre es ein wirklich langer Weg. Allerdings ist die Lieferzeit kürzer: Während ein Containerschiff etwa 45 Tage von Shanghai nach Rotterdam braucht, sind es über die Landverbindung nur elf bis 15 Tage.

Auch wenn die Kapazitäten zu gering sind, eröffnet die Strecke folglich neue Möglichkeiten für europäische Unternehmen. Zum einen lassen sich Märkte in Zentralasien erschließen, die über den Seeweg eher schlecht zu erreichen sind. Zum anderen ermöglicht sie etwa Automobilzulieferern, in Chengdu oder Chongqing, Ersatzteile zu lagern.

Laut einer Studie der Europäischen Handelskammer aber sind die Transportkosten mit Vorsicht zu genießen. Die chinesische Regierung subventioniert den Schienenweg derzeit stark, um die Strecke zu bewerben. Sinken die Subventionen, wie im Fall der Route Harbin-Moskau-Hamburg, wird der Landweg schnell unattraktiv, und die Unternehmen schwenken zurück auf den Seeweg. Trotz der neuen Möglichkeiten sind die meisten europäischen Firmen derzeit eher skeptisch, was die Route angeht.

Für Kasachstan bleibt abgesehen von dem gewaltigen Verladebahnhof nicht viel. Die Zugstrecke ist vor allem ein chinesisches Projekt und dient der Sichtbarkeit der Neuen Seidenstraße. Die Güter werden in China produziert und in Europa verkauft. Kasachstan ist nur ein Transitland, und Peking geht es beim bilateralen Handel eigentlich um etwas anderes. Viel wichtiger für die chinesische Wirtschaft sind die Pipelines, die nicht unweit von Khorgos die Grenze passieren und den Westen des Landes mit Energie versorgen. Sieht man sich die Investitionen genauer an, erkennt man, worum es Peking geht: Von den 55 größeren Projekten, die China finanziert, haben 60 Prozent mit Energie und weitere 20 Prozent mit Bergbau zu tun. Dazu muss man wissen, dass Kasachstan auch weltweit der größte Produzent von Uran ist. Sein Weltmarktanteil an der Produktion lag 2021 bei gewaltigen 41 Prozent. Hinzu kommen große Kupfervorkommen, Gold, Bauxit, Chromit und andere Seltene Erden.

Das Verhältnis der beiden Grenzstädte spiegelt sich in der Beziehung der beiden Länder: hier das flächenmäßig neuntgrößte Land der Welt mit gerade einmal 18 Millionen Einwohnern, dort das nur unwesentlich größere China mit 1,3 Milliarden Menschen. Kasachstan bleibt nicht viel anderes übrig, möglichst geschickt zwischen den Großmächten China, USA und Russland zu lavieren. »Multi-Vektor-Politik« heißt das in der Sprache der Politikwissenschaftler. Bisher ist das den autoritär regierenden Präsidenten mal besser, mal schlechter gelungen. Im Januar 2022 kam es zu Aufständen wegen hoher Benzin- und Gaspreise. Die Heftigkeit und Brutalität verwunderte viele Beobachter. Kurz darauf erschienen Truppen aus Moskau und warfen die Aufstände nieder. Über 200 Menschen kamen ums Leben. Auch vor diesem Hintergrund beobachtet man in Kasachstan die Ereignisse in der Ukraine genau. Die Regierung in der Hauptstadt Astana hat die russische Invasion verurteilt, sich aber nicht an Sanktionen beteiligt. Besonders im Norden des Landes leben viele ethnische Russen, die Putin zu einem ähnlichen Vorgehen wie in der Ukraine verleiten könnten.

Für Unmut sorgt in Kasachstan allerdings auch der massenhafte Zustrom von Russen, die vor der Einberufung fliehen. Sie haben die Hotel- und Mietpreise in Almaty in die Höhe getrieben. So mancher Einheimische soll von seinem Vermieter vor die Tür gesetzt worden sein, weil Russen das Doppelte oder Dreifache zahlen. Flüge in der Region sind kaum mehr zu bekommen, und wenn doch, kosten sie meist das Drei- bis Vierfache des normalen Preises. Angeblich sind bis zu 200.000 Russen nach Kasachstan eingereist. Da sie passfrei durch die »Stan-Länder« reisen können, verteilen sie sich nun in Zentralasien.

Während Moskau Kasachstan vielleicht noch militärisch als Einflusszone betrachtet, übernimmt Peking wirtschaftlich die Oberhand. China ist bereits der zweitwichtigste Handelspartner nach Russland und wohl bald schon Nummer eins. Für China wiederum ist Kasachstan das Tor zum Westen. Bei rund 21 Milliarden US-Dollar lag das bilaterale Handelsvolumen 2021, ein Plus von 17,4 Prozent laut chinesischen Angaben. Für das Öl, Gas und andere Rohstoffe bekommt Astana in erster Linie chinesische Maschinen, Elektronik, Autos und Konsumartikel.

Rund 20 Milliarden US-Dollar hat Peking in den vergangenen 20 Jahren in das Land investiert. Den hohen Stellenwert, den China der Region Zentralasien beimisst, zeigt schon, dass Xi Jinping die Belt-and-Road-Initiative im September 2013 an der Nasarbajew-Universität in Astana verkündete. Nicht umsonst führte zudem seine erste Auslandsreise seit Ausbruch der Pandemie nach Kasachstan, wo er im Herbst 2022 Staatschef der Länder der Shanghaier Sicherheitsorganisation traf. Bei der kasachischen

Elite sind die chinesischen Investitionen beliebt, Xi Jinping ist ein gern gesehener Gast. Die Bevölkerung aber sieht das chinesische Engagement zwiegespalten. Von den großen Investitionen in das »Kronjuwel der Seidenstraße« bleibt bei ihr kaum etwas hängen. Die Wirtschaftsstruktur ist die einer typischen Rohstoffautokratie. Rund ein Viertel der Wirtschaftsleistung kommt aus dem Ölsektor. Und auch wenn die Hauptstadt Astana futuristisch anmutet und Almaty eine mittlerweile für europäische Standards angenehme Innenstadt hat, sieht man doch bittere Armut, sobald man die großen Städte verlässt.

Für Proteste sorgte 2016 die Tatsache, dass die kasachische Regierung den Landkauf für Ausländer vereinfacht hatte, wovon vor allem chinesische Investoren profitieren. Ebenso verärgerte viele die Tatsache, dass bei Joint-Venture-Projekten von kasachischen und chinesischen Unternehmen die chinesischen Arbeiter besser bezahlt werden.

Und nicht zuletzt dürfte der kulturelle Genozid, den China in der angrenzenden Provinz Xinjiang an den Uiguren verübt, wohl kaum so vielen Menschen so drastisch bewusst sein wie den Kasachen. Bei der letzten Volkszählung im Jahr 2009 lebten rund 225.000 Uiguren in Kasachstan – so viele wie in keinem anderen Land. Viele von ihnen haben Verwandte jenseits der Grenze, die den Terror und Schrecken der Lager miterlebt haben. Das liegt auch daran, dass es in erster Linie Menschen mit kasachischem Pass sind, denen die Ausreise aus Xinjiang und China gewährt wird. Die meisten Augenzeugenberichte aus den »Umerziehungslagern« stammen von ihnen. Immer wieder drängt die chinesische Regierung auch auf eine stärkere Überwachung der Uiguren auf kasachischer Seite. All das trägt dazu bei, dass China im Allgemeinen kein hohes Ansehen bei der kasachischen Bevölkerung genießt.

Der Westen, insbesondere die EU, schauen bei dem Spiel um die Rohstoffe Kasachstans allerdings nicht einfach nur zu. Ende Oktober 2022 besuchte die deutsche Außenministerin Annalena Baerbock das Land und warb um eine »engere wirtschaftliche Zusammenarbeit« und eine »Kooperation auf Augenhöhe«. Offiziell ging es um Windparks und grünen Wasserstoff. Bei den Gesprächen dürfte aber auch eine Gaspipeline durch das Kaspische Meer eine Rolle gespielt haben, die sich Moskaus Kontrolle entziehen würde.

Nach zwei nervenaufreibenden Stunden an dem kleinen Grenzposten von Khorgos erhalte ich schließlich meinen Pass zurück. Ich solle aber noch warten, sagt der Soldat.

Kurz darauf erscheint ein Mann uigurischer Herkunft mit seinem Sohn. Er gibt sich als Zollbeamter aus und sagt, er könne mein Problem lösen.

»Ich habe daheim Zugriff auf das Computersystem, sodass Sie bar zahlen können. Sie brauchen morgen nichts mehr zu tun.«

Das Geld aber will er erst später nehmen. Er sagt, wir sollen ihm folgen. Wir steigen wieder in unser Auto und fahren dem Zollbeamten eine halbe Stunde hinterher. Mitten auf der Landstraße hält er an, nun will er das Geld annehmen. Ich möchte ihm umgerechnet 50 Euro geben, doch er wiegelt ab.

»Nein, nein, Korruption gibt es hier nicht«, sagt er und nimmt dann aber 30 Euro – immerhin noch das Doppelte der offiziellen Geldstrafe. Er empfiehlt noch ein uigurisches Restaurant in der nahe gelegenen Stadt Scharkent und verabschiedet sich lächelnd.

Ob ich Opfer eines ausgeklügelten Korruptionssystems geworden bin oder einfach nur einen netten Beamten getroffen habe, weiß ich nicht. Auf jeden Fall passiere ich am nächsten Tag mit Herzklopfen, aber ohne Probleme die kasachische Kontrolle am Flughafen Almaty und fliege weiter in die usbekische Hauptstadt Taschkent, von wo aus ich den Zug nach Samarkand nehme.

Usbekistan

Kasachstan ist aufgrund seines Energiereichtums und der geografischen Nähe vielleicht das wichtigste Land für Pekings Strategie, aber in Zentralasien bei Weitem nicht das einzige. Vor den Toren Samarkands in Usbekistan steht seit 2022 ein Projekt, das chinesischen Touristen gefallen könnte, auch wenn es in diesem Fall von Türken gebaut worden ist. Hier haben Bauunternehmen zwischen Fünf-Sterne-Hotels eine zweite Altstadt gebaut. Besucher wandeln von einer angeblich originalgetreuen Jurte zu einer mit türkisen Fliesen geschmückten Madresa, über das Abbild eines Marktes, an dem man sich zwar vor echtem Gemüse und Obst fotografieren lassen, aber nichts kaufen kann. Am Rande des Besucherparks warten Taxis auf die Besucher, um sie wieder zurück in ihre Hotels zu bringen. »Absurd ist das«, meint Kutbija Rafijewa vom Antica Guesthouse in der echten Altstadt Samarkands. »Da baut man eine Stadt nach, um nicht die Stadt selbst besuchen zu müssen.« »Eternal City« nennt sich das Projekt, das noch mehr Touristen nach Samarkand locken soll. Noch immer ist Pandemie, zumindest in der Volksrepublik China. Chinesen können ihr Land Ende 2022 faktisch nicht verlassen. Zuvor aber hatte die chinesische Regierung gern Usbekistan als Reiseziel beworben. Die Regierung in Taschkent bedankte sich, indem sie Chinesen ermöglicht, sieben Tage ohne Visa durchs Land zu reisen.

Rund 1800 chinesische Unternehmen sind in dem Kernland der alten Seidenstraße aktiv. Beim bilateralen Handel liegen China und Russland mit jeweils knapp 18 Prozent gleichauf. Für China ist Usbekistan mit Kasachstan das wichtigste Land in der Region, auch wenn beide Staaten keine direkte Grenze teilen. Mit knapp 35 Millionen ist es das bevölkerungsreichste Land in der Region und das wirtschaftlich aktivste. Usbekistan gibt die Summe der chinesischen Investitionen mit neun Milliarden US-Dollar an, dürfte dabei aber Entwicklungshilfe und Kredite in einen Topf werfen. Peking spricht nämlich nur von akkumulierten drei Milliarden Dollar. Immerhin: Diese drei Milliarden Dollar stellen rund 20 Prozent der Auslandsverschuldung des Landes dar. Zudem ist China der größte Investor in Usbekistan. Das Land wiederum importiert aus China Autos, chemische Produkte und Konsumgüter.

Die Verflechtungen sind eng, auch im Energiesektor. Die

wichtigste Pipeline für das usbekische Erdgas verläuft von Bukhara nach Taschkent, Bischkek und Almaty und von dort weiter in die Unruheregion Xinjiang. Auch verkauft Usbekistan eigenes Gas an China.

Peking will außerdem den Bau einer Eisenbahnstrecke vorantreiben, die das Land mit Kirgisistan und China verbindet. Unklar ist, warum es bisher dazu nicht gekommen ist. Wie bei anderen Projekten entlang der Neuen Seidenstraße scheint auch hier der Geldstrom aus Peking plötzlich versiegt zu sein. Dabei soll die Strecke Teil der »Großen Eurasischen Landbrücke« werden. Gleichzeitig will Usbekistan einen Nord-Süd-Korridor entwickeln, der das Land durch Afghanistan und Pakistan mit Indien und in Richtung Norden mit Russland verbindet.

Sollten all diese Pläne tatsächlich umgesetzt werden, könnte wirklich etwas Glanz der alten Seidenstraße auf das küstenlose Land zurückkehren.

Kirgisistan und Tadschikistan

Kirgisistan hat zwar eine Landgrenze zu China, für Peking aber spielt das Land, wie Tadschikistan, eher eine untergeordnete Rolle. Aus kirgisischer Perspektive Bischkeks aber sieht das anders aus: Große Erwartungen setzt man in eine Zugstrecke, die das Land mit Usbekistan und China verbinden soll – eine Art Konkurrenzroute zum Khorgos Gateway. Kirgisistan erhofft sich davon Transiteinnahmen von bis zu 200 Millionen US-Dollar jährlich. Allerdings: So richtig kommt das Projekt, das lange vor dem offiziellen Start der »Neuen Seidenstraße« geplant worden war, aber nicht voran – was wohl auch mit Widerstand aus Washington zu tun hat. China ist bereits jetzt der größte Gläubiger von Kirgisistan. Sollte der Bau der Zugstrecke tatsächlich stattfinden, wird sich die Schuldenlast und Abhängigkeit von Peking nochmals erhöhen.

Eine noch geringere Rolle spielt Tadschikistan. Das kleinste und ärmste Land der Region hat für Chinas Wirtschaft wenig zu bieten. Insofern weist Tadschikistan ein großes Handelsbilanzdefizit zum großen Nachbarn auf. 90 Prozent des bilateralen Handels bestehen aus chinesischen Importwaren. Hinzu kommt ein kleiner Grenzkonflikt mit China im Pamir-Gebirge. Wie problematisch die Abhängigkeit von Peking ist, zeigt ein Beispiel, das dem chinesischen Vorgehen in Sri Lanka gleicht: Als die Regierung in Duschanbe in Zahlungsschwierigkeiten für ein mit Krediten aus Peking gebautes Dampfkraftwerk geriet, nahm das chinesische Unternehmen als Sicherheitsleistung Lizenzen, um Goldvorkommen zu schürfen.

Turkmenistan

Turkmenistan nimmt eine Sonderrolle in der Region ein: Das Land ist nach außen fast so abgeschlossen wie Nordkorea und ähnlich reich an Absurditäten. Nur acht Prozent der rund sechs Millionen Einwohner rauchen – dafür haben zahlreiche Kampagnen und Strafen gesorgt, darunter ein 36 Kilometer langer »Gesundheitspfad«, den Regierungsmitglieder einmal im Jahr ablaufen müssen. Auch was Pressefreiheit oder Schutz der Menschenrechte angeht, gleicht das Land Nordkorea.

Turkmenistan ist einer der wichtigsten Energielieferanten Chinas. 2006 wurde der Bau einer Pipeline von den Erdgasfeldern Turkmenistans über Kasachstan bis Xinjiang vereinbart. Ab Juni 2008 wurde sie gebaut, Ende 2009 fertigstellt. Später folgten zwei weitere Röhren. Nur aus Australien bekommt China noch mehr Erdgas.

Damals wurde dies noch als Schritt zur Dekarbonisierung gefeiert. Das Erdgas aus Turkmenistan, das immerhin die viertgrößten Reserven weltweit besitzt, könne den Anteil von Gas im chinesischen Energiemix auf zwei Prozent erhöhen und die von chronisch verschmutzten chinesischen Metropolen sauberer machen.

China ist heute der wichtigste Devisenbringer des Landes. Auf 7,6 Milliarden US-Dollar belief sich die Summe 2019. Demgegenüber standen chinesische Warenimporte von knapp 450 Millionen. Es gibt nur wenige Länder, mit denen China ein solch krasses Handelsbilanzdefizit aufweist.

Bisher ist es den Ländern Zentralasiens relativ gut gelungen, zwischen den Großmächten China, Russland und dem Westen zu lavieren. Die »Multivektor-Außenpolitik« Kasachstans findet bisher erfolgreich in anderen Ländern der Region Anwendung. Anders als in vielen Staaten des Globalen Südens gibt es hier weder eine einseitige Abhängigkeit von China noch eine Überschuldung aufgrund der chinesischen Kredite. Der Einfluss Pekings aber wächst, und sollte das aktuelle Gegengewicht Russland verschwinden, wird die dünn besiedelte, aber rohstoffreiche Region von China dominiert werden.

Urumqi
XINJIANG
Kashgar
CHINA

8.

KOLLATERALSCHADEN XINJIANG?

»Allah existiert nicht.
Aber Xi Jinping existiert.«

WACHE IN EINEM CHINESISCHEN UMERZIEHUNGSLAGER

Am Vormittag des 31. März 2018 erhält Zumret Dawut einen Anruf: Sie möge sich bei einer Polizeistation einfinden. Ihr Ehemann ist zu dieser Zeit nicht daheim. Auf dem Revier nehmen ihr die Polizisten das Smartphone ab und führen sie in den Keller, wo sie gezwungen wird, auf einem »Tiger-Stuhl« Platz zu nehmen, Hände und Füße wurden gefesselt. Tags darauf wird die damals 36-Jährige in ein Lager gebracht. Sie erinnert sich: »Die Zelle war etwa 25 Quadratmeter groß. Es roch sehr streng wie auf einer Toilette. In dieser Zelle waren mehr als dreißig Frauen. Die Hälfte von ihnen lag in Betten, und die andere Hälfte stand. Ich merkte bald, dass sich die Frauen alle drei Stunden mit Liegen und Stehen abwechselten.«

Zwei Monate verbringt sie dort, erlebt Schläge, Folter, Vergewaltigungen und den Versuch einer Gehirnwäsche: »Die Lagerwachen verglichen Allah mit Xi Jinping und erklärten, dass Allah nicht existiert. Xi Jinping aber existiere und habe viele gute Dinge für uns getan. Anschließend mussten wir mehrmals schreiben, wie viele guten Dinge Xi Jinping getan hat.« Einige Monate nach ihrer Entlassung fordert man sie auf, sich sterilisieren zu lassen.

All das erzählt sie mit anderen Überlebenden des Lagersystems in Xinjiang dem Uyghur Tribunal in London, einer Organisation, die es sich zur Aufgabe gemacht hat, die Geschehnisse in Xinjiang zu dokumentieren und aufzuarbeiten.

In der Autonomen Region Xinjiang findet seit Jahren eines der größten Menschenrechtsverbrechen der Welt statt, und das hat auch mit der Neuen Seidenstraße zu tun. Denn durch das Großprojekt rückte die entlegene Region auf einmal in den Fokus Pekings.

Für rund zwölf Millionen Uiguren begann um das Jahr 2014 ein Albtraum. Das moslemische Turkvolk bewohnt seit Jahrtausenden die fruchtbaren Oasen rund um das Tarim-Becken. Ost-Turkestan nennen die Uiguren ihre Heimat, was auf die Nähe zu den turkisch geprägten benachbarten zentralasiatischen Staaten der ehemaligen Sowjetunion hinweist. Im Kern des heutigen Xinjiang liegt das Tarimbecken, eine wüstenähnliche Landschaft, die von den Karawanen der alten Seidenstraße entweder nördlich oder südlich umrundet wurde. Erst in Kasachstan vereinten sich beide Routen wieder. Am Rand des Beckens hatten sich in Oasen blühende Städte entwickelt, Kashgar ist die heute noch bekannteste von ihnen. Hier siedelte sich ungefähr im 9. Jahrhundert nach Christus ein Turkvolk an. Ursprünglich ein nomadisches Reitervolk, gaben die Uiguren nach und nach ihre alte Lebensweise auf, wurden sesshaft und vermischten sich mit anderen Volksgruppen, mit Tocharern, Sogdiern, Tibetern, Chinesen. Kurz darauf bekehrten sie sich zum Islam. Sie lebten in den folgenden Jahrhunderten vom Handwerk, der Landwirtschaft und vor allem vom Handel mit den Karawanen, die an ihren Städten vorbei nach Osten oder Westen zogen. Die Uiguren wurden im 13. Jahrhundert von den Mongolen unterworfen, was aber kaum Einfluss auf ihre Kultur und Lebensweise hatte. Mit den Chinesen bestanden über die Jahrhunderte immer Kontakte, allerdings beschränkten sich diese meist auf den Handel. Das änderte sich erst im 19. Jahrhundert unter der Qing-Dynastie.

Xinjiang heißt die Region auf Chinesisch, was »westliche Grenze« bedeutet. Mitte des 19. Jahrhunderts wurde die Provinz von Truppen der Mandschu-Kaiser besetzt; seither ist sie mit kurzen Unterbrechungen Teil des chinesischen Staatsgebiets.

Lange Zeit bekamen viele Uiguren von der chinesischen Herrschaft wenig mit. Die Machtausübung Pekings beschränkte sich auf die wenigen Städte, in denen chinesische Beamte Steuern eintrieben. Weil die Einnahmen allerdings kaum höher waren als die Kosten für Militär und Bürokratie, überlegte man Ende des 19. Jahrhunderts in der Verbotenen Stadt ernsthaft, die Provinz aufzugeben.

Mit der kommunistischen Machtübernahme 1949 änderte sich der Status der Region. In Xinjiang wurden die Bingtuan angesiedelt, eine Art paramilitärische Organisation mit staatseigenen Betrieben aus Mitgliedern der Volksbefreiungsarmee und Bauern. Die Kommunistische Partei betrieb nun eine aktive Siedlungspolitik, sodass mehr und mehr Han-Chinesen in die Region kamen und die Uiguren bald zur Minderheit in ihrer Heimat wurden. Dennoch war Xinjiang bis in die 2000er Jahre eine Randprovinz Chinas, ein Hinterhof, der Probleme machte, aber wenig einbrachte. Mit der Siedlungspolitik einher gingen die wirtschaftliche Benachteiligung und Diskriminierung der Uiguren.

Zugleich jedoch fließen Investitionen in die Region, was man in Peking gern betont. Tatsächlich sind die Wachstumsraten Xinjiangs meist höher als im Rest des Landes. Das hat allerdings auch damit zu tun, dass die Basis geringer ist und Wachstumseffekte so stärker ins Gewicht fallen: Obwohl sich die Wirtschaftskraft pro Kopf in den vergangenen zehn Jahren fast verdoppelt hat, beträgt sie gerade einmal ein Drittel der von Shanghai oder Peking.

Für Ärger sorgen die Einkommensunterschiede zwischen Han-Chinesen und Uiguren. Der Frust der Uiguren entlud sich immer wieder in spontanen Revolten, die wiederum Peking zum Anlass nahm, die Kontrollen zu verschärfen. Zu einem größeren Aufstand kam es 2009. Es gab mehrere Hundert Tote, darunter sowohl Uiguren als auch Han-Chinesen. Die Regierung in Peking schaltete daraufhin der gesamten Region für mehrere Monate das Internet ab, Polizei- und Sicherheitskräfte wurden massiv verstärkt. Rädelsführer, aber auch moderate Intellektuelle wie der Professor Iham Tohti sitzen seitdem im Gefängnis. Die Aktivistin Reebiya Kadeer war aus Furcht vor Repressalien bereits 2005 in die USA geflohen.

Noch einmal deutlich verschärft hat sich die Situation ab 2014. In diesem Jahr besuchte Xi Jinping die Provinz persönlich und hielt eine Rede, die heute als Startschuss für ein dunkles Kapitel gesehen wird: Xinjiang müsse von »Bevölkerungen minderer Qualität und von Menschen mit negativer Energie gesäubert werden«, erklärte er.

Im Ausland lebende Uiguren berichteten von nun an immer häufiger, den Kontakt zu Familienangehörigen verloren zu haben. Sie waren entweder nicht mehr zu erreichen oder gaben eigenartig dumpfe Propagandabotschaften von sich. Immer öfter verschwanden Menschen und kehrten erst nach Monaten zurück. Erst 2016 bekam die Weltöffentlichkeit eine Ahnung davon, dass in Xinjiang Ungeheuerliches im Gang war, auch wenn sich die chinesische Führung alle Mühe gab, die Vorgänge geheim zu halten. Nach mühseligen Datenrecherchen gelang es Forschern, sich langsam ein Bild von den Vorgängen in der Region zu machen. Dabei ist insbesondere Adrian Zenz zu nennen, der zunächst frei und später für die »Victims of Communism«-Stiftung arbeitete. So verglich der mittlerweile in den USA lebende Deutsche die Ausschreibungen für Stellen im Sicherheitsdienst über die Jahre und stellte einen gewaltigen Anstieg fest. Hinzu kamen Satellitenaufnahmen, die massive Erweiterungen von Gefängnisanlagen zeigten.

In der Nordwest-Provinz war ein gigantisches Lagersystem entstanden, mit dem Ziel, die dort lebenden Uiguren umzuerziehen. Rund 1,5 Millionen Menschen, meist moslemischen Glaubens, haben die Lager in den vergangenen Jahren durchlaufen; viele Überlebende verlassen sie schwer traumatisiert. Auch wenn der Zensurapparat der Kommunistischen Partei ganze Arbeit leistete und die Existenz der Lager erst bestritt, dann von »Ausbildungszentren« sprach, ist das erschreckende Ausmaß der Menschenrechtsverbrechen in Xinjiang mittlerweile gut belegt. Dafür sorgte auch das »Uyghur Tribunal«. Daraus ist mittlerweile die größte Sammlung von Zeugenaussagen und Expertenstellungnahmen zum Thema geworden.

Die rund zwei Dutzend Überlebenden des Lagersystems, die vor dem Tribunal aussagten, hatten oft einen kasachischen Pass, weswegen man ihnen die Ausreise gestattete. Ihre Geschichten unterscheiden sich in Einzelheiten, gleichen sich aber in den wesentlichen Punkten: Den Betroffenen wird von den Behörden aufgetragen, sich bei einer Polizeistation einzufinden. Oft geschieht dies unter vagen, teils absurden Vorwänden: Mal heißt es, auf ihrem Smartphone befinde sich eine in China verbotene App, mal geht es um Textnachrichten mit religiösem Inhalt oder um eine Pilgerreise nach Mekka in den vergangenen Jahren. Es folgen stundenlange Verhöre. Später werden die Menschen in ein Lager gebracht, ohne zu wissen, weshalb und wie lange sie dortbleiben müssen. Sie dürfen ihren Angehörigen nicht mitteilen, wo sie sich befinden. Die Zellen, in denen man sie unterbringt, sind überfüllt, die hygienischen Zustände grauenhaft. Die Ernährung ist schlecht und auf das Nötigste beschränkt, sodass Krankheiten an der Tagesordnung sind. Tagsüber müssen die Lager-Insassen Chinesisch-Kurse besuchen und stundenlangen Propaganda-Vorlesungen beiwohnen. Viele Frauen berichten von Vergewaltigungen, Männer von diversen medizinischen Experimenten. Hinzu kommen massenhafte Zwangssterilisierungen. Damit soll die Bevölkerungsstruktur der Region zugunsten der parteiloyalen Han-Chinesen verändert werden. Wer nur über Wochen festgehalten wird, kann von Glück sprechen, bei den meisten dauert es Monate. Werden sie schließlich aus der Tortur entlassen, finden sie sich in einem gigantischen Freiluftgefängnis wieder. Journalisten, die in den vergangenen Jahren versucht haben, in die Nähe der Lager zu gelangen, sahen sich meist mit rabiatem Sicherheitspersonal konfrontiert. Mit den Uiguren vor Ort über die Situation zu sprechen, ist nicht möglich, da die digitale Überwachung mittlerweile nahezu lückenlos ist.

2013 schon wurden QR-Codes an Haustüren angebracht, die Informationen über die Bewohner enthielten. Jedes Fahrzeug wurde mit einem GPS-Tracker ausgestattet, jede Telefonnummer und jedes Handy registriert. Ab 2017 begann die systematische Erfassung aller Bürger. Dazu werden von den Lagerinsassen als Erstes DNA- und Stimmproben genommen. Hinzu kommen Iris-Erkennung, Gesichtsscans und – ganz altmodisch – Fingerabdrücke.

Allein bis 2019 hat Peking mehr als sieben Milliarden US-Dollar in den Aufbau des Überwachungssystems in Xinjiang investiert. Die Region soll nebenbei zum Labor für die neueste Technologie werden, die dann eines Tages im gesamten Land angewendet werden könnte. Schon heute wird sie auf der Neuen Seidenstraße sogar exportiert. Das chinesische Unternehmen CloudWalk aus Guangzhou ist ein Beispiel dafür: Seine Gesichtserkennungssoftware kommt auch in Simbabwe zum Einsatz. Die Systeme sind so trainiert, dass sie uigurische Gesichter von chinesischen unterscheiden können.

Apps überwachen die jetzt »deradikalisierten« Menschen bei jedem Schritt. Kameras mit Gesichtserkennungssoftware schlagen sofort Alarm, wenn jemand eine nicht genehmigte Busreise antritt. Verdächtige Chat-Verläufe, in denen zum Beispiel das Wort »Allah« vorkommt, werden überwacht und umgehend gemeldet.

Hinzu kommen ganz altmodische Überwachungsmethoden: Anrufe, Beschattungen und Bespitzelungen. Nicht selten werden auch Han-Chinesen bei uigurischen Familien zwangseinquartiert, um deren »innere Haltung zu Religion und Partei« zu überprüfen.

Den Wenigsten gelingt es, nach dieser Tortur ins Ausland zu emigrieren. Zuvor werden sie eingeschüchtert und bedroht: Wer über die Geschehnisse spricht, riskiert das Leben seiner Familienangehörigen.

Wie konnte es zu diesem Orwell'schen Albtraum kommen? Warum nahmen die Menschenrechtsverbrechen gegen die Uiguren in diesem ungeheuren Ausmaß zu? Die Erklärung ist wie so oft multikausal. Tatsache ist, dass die Schaffung der Neuen Seidenstraße mit einer neuen repressiven Politik gegenüber den Minderheiten in Xinjiang zeitlich zusammenfällt. Ein Blick auf die Landkarte erklärt vieles: Die chinesische Provinz Xinjiang grenzt gegen den Uhrzeigersinn an folgende Staaten: Mongolei, Russland, Kasachstan, Kirgisistan, Tadschikistan, Afghanistan, Pakistan und Indien. Wäre die Provinz ein eigener Staat, hätte die Volksrepublik China nicht 14 Nachbarn, sondern fünf weniger. Xinjiang ist Pekings Tor nach Eurasien, und das ist ein Grund, weshalb die Region und deren Bevölkerung von einem armen, bedeutungslosen Hinterhof plötzlich zu einer globalen Drehscheibe mit geopolitischer Bedeutung wurden.

Noch ist etwa die Hälfte der Bevölkerung muslimisch, die überwiegende Mehrheit praktiziert einen gemäßigten Islam. Doch schon vor dem Aufbau des Lagersystems in Xinjiang fürchtete man ein Hinüberschwappen des islamistischen Terrorismus aus Afghanistan, wo die Taliban immer wieder ein freies Ost-Turkestan in Xinjiang forderten. China teilt eine kleine Landgrenze mit dem Land, an der auch der strategisch wichtige Karakorum Highway, die Handelsstraße nach Pakistan an den Indischen Ozean, vorbeiführt. Immer wieder in den Jahren 2001 bis 2014 bezichtigte Peking aufständische Uiguren des Terrorismus. Mittlerweile ist zwar belegt, dass es auch unter den Uiguren radikale Moslems gibt, deren Anteil ist aber im Vergleich zu der moderaten, sufistisch-sunnitischen Strömung des Islams verschwindend gering. Für Peking war es stets bequem, Demonstrationen gegen Diskriminierung und Ungleichbehandlung als islamistischen Terror darzustellen und dementsprechend hart dagegen vorzugehen.

Völlig aus der Luft gegriffen war diese Bedrohung aber nicht. Der Karakorum Highway und die poröse Grenze im schwer zugänglichen Pamir-Gebirge machen die Region zu einem sicherheitspolitischen Brennpunkt. Geradezu absurd wirken Pekings Terrorwarnungen allerdings vor dem Hintergrund, dass China seit dem Abzug US-amerikanischer Truppen aus Afghanistan wieder blendende Geschäfte mit den Taliban macht: Im Januar 2022 schlossen die Taliban ein Abkommen mit dem chinesischen Staatsunternehmen Xinjiang Central Asia Petroleum and Gas Company, um im Norden des Landes ein Ölfeld auszubeuten. Die Steinzeit-Islamisten scheinen die Verbrechen gegenüber ihren Glaubensbrüdern jenseits der Grenze nicht zu stören.

Die Motive hinter den durch nichts zu entschuldigenden monströsen Menschenrechtsverletzungen in Xinjiang erklären sich, wenn man einen Blick auf die wirtschaftlichen Interessen Pekings in der Region wirft. Denn neben seiner strategisch wichtigen Lage hat Xinjiang vieles, was China will und braucht. Mehr als ein Fünftel der Gas- und Ölvorkommen des Landes liegen hier. Bei Kohle ist der Anteil noch höher: Rund 40 Prozent von Chinas Vorkommen liegen im Tarimbecken, der ariden, wüstenähnlichen Region in der Mitte der Provinz. Außerdem ist Xinjiang mit rund 3500 Sonnenstunden im Jahr auch zum zweitgrößten Produzenten von Solar- und Windenergie geworden. Hinzu kommen die nach Tibet wohl zweitgrößten Wasserreserven des Landes, die ebenfalls zur Energiegewinnung genutzt werden können. Bisher ist nur ein Bruchteil des Potenzials erschlossen. Der dort gewonnene Strom wird über ein kürzlich geschaffenes Ultrahochspannungsnetz an die Ostküste befördert. Xinjiang gilt deswegen spätestens seit 2010 als strategische nationale Energiebasis der Volksrepublik, und man kann sich leicht vorstellen, dass es für Peking ein Albtraum wäre, nicht die volle Kontrolle über die Provinz zu haben.

Den Westen werden die Rohstoffe aus Xinjiang noch vor ein gewaltiges moralisches Dilemma stellen. Denn Geologen gehen davon aus, dass unter der Erde Xinjiangs noch viel mehr als die bekannten Vorkommen zu finden sind. China ist es in den vergangenen Dekaden gelungen, ein Quasi-Monopol für Seltene Erden aufzubauen. Diese heißen nicht selten, weil sie so schwer zu finden sind, sondern weil der Abbau viel Zeit und Energie kostet und zugleich Umweltschäden verursacht. Bis zu 90 Prozent von diesen Metallen kommen aus China, und davon ein beträchtlicher Teil aus Xinjiang. Auf diese Metalle sind viele Industrien im Westen angewiesen.

Die Region ist außerdem der größte Produzent von Polysilizium, einem für die Herstellung von Solarzellen notwendigen Stoff. Rund die Hälfte der weltweiten Produktion kommt von hier. Ohne die Rohstoffe aus Xinjiang wird eine Energiewende in Deutschland kaum möglich sein.

Dies zeigt, dass die formal autonome Region Xinjiang im 21. Jahrhundert für Peking auch ohne die Neue Seidenstraße immer wichtiger geworden wäre. Durch das Megaprojekt aber ist Xinjiang aus der Peripherie in den Fokus gerückt, ähnlich wie schon zu Zeiten der alten Seidenstraße. Nur geht es heute nicht mehr um Seide, sondern vor allem um Energie. Xinjiang ist heute Drehscheibe für die Öl- und Gasimporte der Volksrepublik. Hier erreicht bei Khorgos die Central Asia Gas Pipeline das chinesische Staatsgebiet und verzweigt sich auf mehrere Pipelines, die den Boom in den Städten an der Ostküste mit ihrem Gas befeuern.

Ab 2026 schon soll die Xinjiang-Zhejiang-Guangdong-Pipeline Öl und Gas bis nach Südchina bringen. Ganz in der Nähe rollt der Güterzug aus China Richtung Duisburg, und Lkws transportieren chinesische Waren über die Grenze nach Kasachstan. Weiter nördlich bringt die Kazakhstan-China-Pipeline direkt Energie nach China.

Die Neue Seidenstraße ist für das Volk der Uiguren zur Hölle auf Erden geworden.

Istanbul
Ankara
TÜRKEI
Teheran
IRAN
PAKISTAN
Gwadar

9.

VOR ORT IN VORDER- UND SÜDASIEN: VOM KARAKORUM HIGHWAY NACH TEHERAN UND ISTANBUL – DAS SCHWEIGEN DER ISLAMISCHEN WELT

»Unsere Beziehungen zum Iran werden durch die derzeitige Situation nicht beeinträchtigt, sondern sind dauerhaft und strategisch.«

WANG YI, CHINESISCHER AUSSENMINISTER

Kashgar im Juni 2014: Der Albtraum für die uigurische Bevölkerung in Form von Lagerhaft und totaler Überwachung hat noch nicht begonnen, als ich einen Händler namens Salahuddin im Pakistani-Café in Kashgar kennenlerne, einem kleinen Treffpunkt für Händler aus der Region. Er tauscht Edelsteine gegen iPhones. Der Mittvierziger legt wie zum Beweis für seine ungewöhnliche Tätigkeit fünf Edelsteine auf den Tisch, keiner größer als ein Fingernagel. 1500 Yuan, rund 200 Euro, kostet einer. Die Steine erhält er jenseits des Pamir-Gebirges in Afghanistan und Pakistan. Hier, auf der chinesischen Seite, verkauft er sie und deckt sich mit iPhones und anderen Elektroartikeln ein.

Kashgar ist bis heute die kulturelle Hauptstadt der Uiguren. Die Lehmhäuser der Altstadt sind Hunderte von Jahren alt und UNESCO-Weltkulturerbe. Die Oasenstadt am Rand der Taklamakan-Wüste war früher ein wichtiger Anlaufpunkt der Karawanen auf ihrem Weg Richtung Westen. Nicht alle Karawanen zogen weiter in die zentralasiatische Steppe. Manche nahmen auch die beschwerliche Reise über das Pamir- und Karakorum-Gebirge auf sich, um den indischen Subkontinent zu erreichen. Nach strapaziösen Wochen über eines der höchsten Gebirge der Welt erreichten die Händler das heutige Pakistan.

Heute braucht Salahuddin für die Strecke von Kashgar nach Islamabad noch 20 Stunden. Einmal die Woche fährt er über den Karakorum Highway von Pakistan über die Grenze nach China und wieder zurück. Die einzige Verbindungsstraße zwischen beiden Ländern windet sich von Kashgar, 200 Meter über dem Meeresspiegel gelegen, das Pamir-Gebirge hinauf, bis zum höchsten Grenzübergang der Welt auf 4800 Metern. Links und rechts erheben sich drohend Gletscher und Felsen. Ein kalter, trockener Wind überzieht Fahrzeuge, Kleidung und Haare mit einer Staubschicht. Die wenigen Menschen, die es in diese lebensfeindliche Region verschlagen hat, leben von der Yak- und Schafzucht.

Die übrigen Menschen, die der pakistanische Familienvater auf seiner Fahrt sieht, sind chinesische Wanderarbeiter. Sie bauen die Straße zu einer Autobahn aus. Unterwegs zu der letzten größeren Stadt vor der Grenze, Tashkurgan, ist sie immer wieder unterbrochen. Der Highway wurde nach 20 Jahren Bauzeit 1978 gemeinsam von Pakistan und China fertiggestellt. Doch aus der holprigen Gebirgsstraße soll jetzt eine mehrspurige Autobahn werden. Auf 1300 Kilometern Länge haben chinesische Unternehmen auf beiden Seiten der Grenze eine Landverbindung zwischen Kashgar und Islamabad geschaffen. Mindestens zwei Milliarden hat die Erneuerung der höchsten Fernstraße der Welt gekostet – die Kredite dafür stellte die chinesische Exim-Bank. Die Straße führt durch ein geostrategisch höchst sensibles Terrain: von der von muslimischen Uiguren bewohnten Region Xinjiang zu der kleinen Landgrenze, die China mit Afghanistan teilt, und durch das von Pakistan, China und Indien beanspruchte Kaschmir.

Pakistan ist einer der ältesten Verbündeten der Volksrepublik. Die Nähe zwischen den beiden sonst so unterschiedlichen Staaten dürfte die Konkurrenz beziehungsweise die Feindschaft zum gemeinsamen Nachbarn Indien mit sich gebracht haben. Selbst in den finstersten Zeiten der Mao-Diktatur konnte Peking auf Islamabad zählen. Und es ist eine historisch interessante Anekdote, dass Pakistan eine nicht unbedeutende Rolle bei der Aufnahme der Beziehungen zwischen Peking und Washington Anfang der 1970er Jahre spielte: Nachdem Mao Zedong 1949 den Bürgerkrieg gegen den US-Verbündeten Chiang Kai-shek gewonnen hatte, erkannte Washington das kommunistische Regime zunächst nicht an. Der Alleinvertretungsanspruch Chinas lag bei Taiwan. Unterdessen aber hatten sich nach dem Tod Stalins auch die Volksrepublik China und die Sowjetunion entzweit. Diesen Riss im kommunistischen Lager sahen der damalige US-Präsident Richard Nixon und sein Außenminister Henry Kissinger als Chance. Die Aufnahme diplomatischer Beziehungen zu Peking (unter der Preisgabe Taiwans) könnte das sowjetische Lager weiter schwächen und außerdem helfen, den kostspieligen Vietnamkrieg zu beenden. Im Juli 1971 flog Henry Kissinger zunächst nach Pakistan, von wo aus er heimlich nach Peking weiterreiste, um die Aufnahme diplomatischer Beziehungen vorzubereiten. Wenige Monate später, im Februar 1972, flog der stramme Antikommunist Richard Nixon nach Peking und legte damit den Grundstein für die chinesisch-amerikanischen Beziehungen der Gegenwart.

Angesichts der seit Jahrzehnten guten Beziehungen zwischen beiden Ländern ist es kein Wunder, dass die Investitionen Chinas in Pakistan weit vor den offiziellen Start der Seidenstraße zurückreichen. Der Bau des vielleicht wichtigsten Projekts, des Hafens Gwadar, begann 2002.

Auch Gwadar hilft Peking, das in Kapitel 11 beschriebene »Malakka-Dilemma« zu lösen: Denn nach wie vor muss ein Großteil der Waren und Energie, die China bezieht, die Meerenge bei Singapur passieren. Im Konfliktfall könnten die USA China leicht von dieser Lebenslinie abschneiden. Der pakistanische Hafen liegt in der Nähe des Persischen Golfs, unweit der Grenze zum Iran, und schafft so eine Ersatzroute.

Auf diesem Hafen aufbauend soll ein »ökonomischer Korridor« über das Karakorum-Gebirge hinweg entstehen. Im April 2015 besuchte Xi Jinping seinen Verbündeten und versprach, für diesen »China-Pakistan Economic Corridor« (CPEC) 46 Milliarden US-Dollar bereitzustellen. »Die traditionelle Freundschaft zwischen China und Pakistan soll groß und weit sein wie der Karakorum Highway«, sagte Xi Jinping vor dem pakistanischen Parlament. Die Summe wurde später auf 62 Milliarden erhöht.

Anfang 2023 waren 36 dieser Projekte im Wert von mindestens 17 Milliarden US-Dollar fertiggestellt, weitere 32 befanden sich im Bau. Bei den meisten und größten Investitionen handelt es sich um Kraftwerke und Straßen. Rund 6,4 Milliarden investierte Peking in den Bau von zwei Atomkraftwerken in Karachi und 1,6 Milliarden in den Bau einer U-Bahn in Lahore.

Von einer Abhängigkeit der instabilen Atommacht von China zu sprechen, ist keine Übertreibung: Pakistan importiert achtmal mehr aus China als es dorthin exportiert. Das Land kauft nahezu seine gesamten Maschinen und Elektronikartikel beim großen Nachbarn ein, während es billige Textilien und Rohstoffe dorthin exportiert. Die Schulden bei China belaufen sich mittlerweile auf rund 17 Milliarden US-Dollar. Andere Quellen sprechen von 30 Milliarden Dollar, was über ein Drittel der gesamten Außenschulden wären. Bis 2025 sollen sechs Milliarden davon fällig werden, was das Land in Zahlungsschwierigkeiten bringen dürfte.

Die derzeitige Schuldenproblematik des Landes lässt sich am ehesten mit der von Sri Lanka vergleichen. Es gibt bereits Gerüchte, wonach Pakistan sich einen Schuldenerlass durch territoriale Gebietsabtretungen in der Kaschmir-Region erkauft. Diese werden aber wohl eher von der indischen Propaganda gestreut. Auf jeden Fall aber steckt Pakistan in einer seiner größten Krisen. Das liegt nicht nur an der Überschuldung, sondern auch an den hohen Energiepreisen und einer Flutkatastrophe von geradezu biblischem Ausmaß, die das Land 2022 getroffen hat. Die Währung ist abgestürzt, die Inflation nähert sich 40 Prozent. Im Januar 2023 warnte der ehemalige Präsident Imran Khan, Pakistan könne sich daraus nur mithilfe des Internationalen Währungsfonds befreien.

Wer genau Schuld an der Misere hat, ist schwer auszumachen. Denn auch Peking dürfte von einer Insolvenz Pakistans nicht begeistert sein. Die Atommacht gilt als chronisch instabil, die poröse Grenze zu Afghanistan ist ein zusätzlicher Gefahrenherd. Aufstände oder gar ein Bürgerkrieg würden die Investitionen Pekings massiv gefährden. Dass es dennoch so weit kommen konnte, dürfte daran liegen, dass beide Staaten die Rentabilität der gemeinsamen Projekte überschätzt haben.

Grundlegend anders, aber nicht weniger brisant ist die Situation bei Pakistans westlichem Nachbarn Iran.

Iran

Immer höher quält sich die Blechlawine die Hügel hinauf. Die genervten Teheraner hupen und schimpfen in ihren Autos, wie jeden Tag. In kaum einer Stadt der Welt sind die Höhenunterschiede größer, und fast nirgends fließt der Verkehr zäher. Während die armen und religiösen der knapp neun Millionen Einwohner im heißen Süden der Stadt knapp 1000 Meter über dem Meeresspiegel wohnen, leben die oft weltoffeneren Reichen an den kühleren Hügeln auf 1700 Meter. Dort befinden sich auch die Hotels, die Einkaufs- und Messezentren der Stadt, wohin sich die Autos oft im Schritttempo quälen.

Jetzt, im Spätherbst 2017, steigt dort die ConMin, eine internationale Bergbaumesse. Es ist eine Zeit des Aufbruchs im Iran. Zwei Jahre zuvor hat der damalige US-Präsident Barack Obama mit dem Atomabkommen die Basis für das vorläufige Ende der iranischen Isolation geschaffen. Das Land nimmt wieder am internationalen Zahlungsverkehr teil, dem SWIFT-System. Damit sind wieder Investitionen aus dem Ausland möglich. Deutsche Mittelständler stehen in den Startlöchern, um wieder Geschäfte mit dem Land zu machen, und die ConMin ist eine gute Gelegenheit dazu.

Der Iran gehört zu den zehn rohstoffreichsten Staaten der Welt. Neben Erdöl und Gas liegen hier auch große Reserven an Kohle, Kupfer, Eisenerz, Aluminium, Blei und Zink. Die Industrie aber ist veraltet, in den Jahren der Wirtschaftssanktionen hat sich ein Investitionsstau aufgebaut. Mutigen Investoren aus Deutschland winkt ein

Riesengeschäft, zumal deutsche Produkte als weltweit führend gelten und einen ausgezeichneten Ruf haben. Allein in den ersten sieben Monaten 2017 stiegen die deutschen Exporte um 23 Prozent auf 1,6 Milliarden Euro.

»Die Iraner möchten seit Langem, dass wir hier eine Produktion aufbauen«, sagt ein deutscher Mittelständler auf der ConMin. »Aber kaum eine Bank will die Geschäfte finanzieren«, erzählt der Unternehmer. Schuld seien die US-Sanktionen. »In Deutschland übernimmt das nur die Sparkasse, die kein US-Geschäft hat und somit nicht von etwaigen Strafen getroffen werden kann. Die aber wiederum hat nur Partnerschaften mit bestimmten iranischen Banken. Wer also in dem Land Geschäfte machen will, muss zuerst klären, ob der Kunde auch ein Konto bei einer dieser Partnerbanken hat«, erklärt er. Viele der Unternehmer auf der Messe kennen das Land seit Jahrzehnten; manche sind regelrechte Iran-Fans: Die Bevölkerung sei gut ausgebildet und besitze einen Geschäftssinn. »So gut wie alle, die in das Land kommen, sind positiv überrascht«, sagt ein deutscher Unternehmensberater.

Doch westliche Firmen sind längst nicht mehr allein auf dem Markt. Als sie sich während der Sanktionen zurückgezogen hatten, sprangen andere in die Lücke. Wer die neue Konkurrenz ist, zeigt sich gewaltig auf der ConMin. Die eine Hälfte der Halle teilen sich deutsche Hersteller mit Japanern, Italienern und Franzosen. Der andere Teil ist fest in der Hand der Chinesen.

Günter Miedaner war bereits Dutzende Male im Iran. Er leitet den deutschen Pavillon auf der Messe und kümmert sich um das Organisatorische der deutschen Aussteller. Sein Unbehagen kann er schwer verbergen. Mittlerweile sei die Zahl der deutschen Aussteller wieder in etwa auf dem Niveau der Zeit vor den Sanktionen, sagt er. »Der Unterschied ist, dass mittlerweile sehr viele Chinesen hier sind, die die Sanktionen genutzt haben, um ihre Präsenz auszubauen.«

In dieser Zeit wurde die Volksrepublik der wichtigste Handelspartner des Iran und größter Importeur iranischen Öls. 2016 betrug das Handelsvolumen 18 Milliarden Dollar. Während sich kaum ein deutscher Autohersteller ins Land traute, sind die Chinesen mittlerweile mit mehreren Werken vor Ort. So betreibt Chery mit seinem iranischen Partner eine Produktion. Es handelt sich allerdings um eine Completely-Knocked-Down-Anlage (CKD), bei der die Einzelteile aus China geliefert und vor Ort lediglich montiert werden. 2016 war auch das Jahr, in dem Xi Jinping Teheran besuchte. Die beiden Staaten vereinbarten, in den kommenden Jahren enger zusammenzuarbeiten.

Seit der Bergbaumesse 2017 hat sich viel getan: Donald Trump beendete Obamas Atomabkommen, das er als einen »der schlechtesten Deals« bezeichnete, und verhängte neue Sanktionen gegen den Iran. Damit zogen sich auch die deutschen Mittelständler erneut zurück. Der Ukraine-Krieg brachte das Regime noch enger an die Seite Russlands; es wurde zu einem der größten Lieferanten von Drohnen für Putin. Gleichzeitig wankt das Regime stärker denn je: Denn seit Herbst 2022 gingen Tausende iranischer Studenten auf die Straße, um gegen das Mullah-Regime zu protestieren.

Keinen Einfluss aber hatten all diese Entwicklungen auf das Verhältnis zu China. Der Iran ist ein Land der alten Seidenstraße, und von seiner geostrategischen Bedeutung als Transportkorridor Richtung Westen hat er nichts verloren.

Im Gegenteil: Inmitten der Pandemie, die vor allem in China zu paranoiden Reaktionen geführt hatte, reiste der chinesische Außenminister Wang Yi am 27. März 2021 nach Teheran und verkündete dort mit seinem Amtskollegen Javad Zarif eine Absichtserklärung, die insbesondere in Washington für Aufruhr sorgte.

Sie beinhaltet unter anderem, dass China in den kommenden 25 Jahren die gewaltige Summe von 400 Milliarden US-Dollar im Iran investiert. Das Geld soll vor allem in Infrastrukturprojekte und in den Energiesektor fließen. Ein Hochgeschwindigkeitszug soll Qom im Nordosten mit der Hauptstadt Teheran und Isfahan verbinden. Eine nördliche Route führt nach Täbris, wo die Pipeline vom Kaspischen Meer Energie in die türkische Hauptstadt Ankara liefert. Bereits im Bau befindet sich eine Bahnstrecke von Teheran nach Maschhad. Eine Zugverbindung, die von Urumqi in Xinjiang nach Kasachstan und von dort weiter nach Teheran führt, existiert zudem schon. Allerdings ist unklar, wie viele Güter derzeit darauf transportiert werden.

Neben den Öl- und Gasreserven hat China vor allem ein Interesse an anderen Bodenschätzen des Irans. Zahlreiche chinesische Stahl- und Bergbauunternehmen sind im Land aktiv, die meisten von ihnen in staatlicher Hand. Zu den größten zählen Sinosteel, Sinomach und MCC, die jeweils seit 2011 mehrere Hundert Millionen Dollar in die islamische Republik investiert haben. Zudem sind beide Länder dabei, ihre militärischen Kooperationen auszuweiten. Gerüchten zufolge soll die chinesische Volksbefreiungsarmee Stützpunkte auf iranischen Inseln im Persischen Golf bekommen.

Nach dem Abkommen vom März 2021 wurden im Westen Befürchtungen laut, wonach eine neue »Achse des Bösen« entstehen könne: eine enge Verbindung zwischen der formal kommunistischen Volksrepublik und der Theokratie Irans. Tatsächlich aber dürfte das Regime in Teheran am kürzeren Hebel sitzen, da Peking ebenso Militär- und Investitionsabkommen mit dem verfeindeten Saudi-Arabien abgeschlossen hat (siehe Kapitel 14). Aus iranischer Sicht dürfte das Ziel der Kooperation vor allem darin bestehen, in Verhandlungen mit den USA ein Druckmittel zu besitzen.

Das Engagement der Chinesen wird im Iran allerdings nicht unkritisch gesehen. Schließlich ist es keine 40 Jahre her, dass die Mullahs in der Revolution von 1979 ausländische Konzerne aus dem Land gejagt hatten, um unter anderem die Kontrolle über die Ölvorkommen des Landes zurückzugewinnen. Die Gefahr, die heimischen Bodenschätze jetzt an eine neue potenzielle Kolonialmacht zu verscherbeln, wird in Teheran durchaus gesehen. Gleichzeitig jedoch ist die veraltete iranische Industrie auf Investitionen angewiesen. Zudem erhofft sich das Regime, mit Chinas Geld die hohe Arbeitslosigkeit bekämpfen zu können, die seine Autorität untergräbt.

Wenn der Iran es sich aussuchen könnte, würde er lieber Investitionen aus Europa nehmen. Vor allem das Image deutscher, französischer und italienischer Unternehmen ist im Gegensatz zu angelsächsischen Firmen gut. Doch angesichts der Sanktionspolitik und der Reformunfähigkeit des Mullah-Regimes nimmt das Land, was es kriegen kann.

Das wird deutlich, wenn man einen Blick auf das Handelsvolumen und die ausländischen Direktinvestitionen wirft: Während der Sanktionsjahre von 2003 bis 2014 explodierte der chinesisch-iranische Handel von 5,6 auf 51,8 Milliarden US-Dollar. China ist heute der wichtigste Handelspartner und größter Devisenbringer. Die deutschen Unternehmen, die 2017 hoffnungsvoll auf die Messe nach Teheran gepilgert waren, haben das Land längst wieder verlassen.

Türkei

Ömer Faruk ist ein ernster Mann mit gerader Körperhaltung und klarer Stimme. Vor dem 32-jährigen Uiguren liegen Bilder seiner Mutter im Rollstuhl und Babyfotos seiner beiden Töchter. Seit einigen Jahren betreibt er einen Buchladen für uigurische Literatur in Istanbul. Als die Situation in seiner Heimat Xinjiang unerträglich wurde, flohen seine Frau und er mit den beiden älteren Kindern in die Türkei. Die zwei jüngeren ließen sie zunächst bei den Großeltern in China zurück. Seitdem ist der Kontakt abgerissen.

Der Stadtteil Sefarkoy liegt weit im Westen der 16-Millionen-Metropole, noch hinter dem mittlerweile stillgelegten Atatürk-Flughafen. Hier leben die meisten der rund 50.000 Uiguren in Istanbul. Es ist die größte uigurische Diaspora weltweit. Das liegt auch daran, dass Uiguren und Türken kulturell, sprachlich und historisch eng verwandt sind. Vom »Brudervolk« ist oft die Rede. Auch in Xinjiang konnte man bis vor einigen Jahren noch erleben, dass die Augen der Menschen zu leuchten begannen, wenn man die Türkei erwähnte. Sie galt als großer Bruder, der es zu Reichtum, Stärke und Sicherheit gebracht hat.

Tatsächlich aber ist die Situation der Uiguren in der Türkei angespannt: Für sie stark macht sich derzeit vor allem die nationalistische Iyi-Partei unter ihrer Chefin Meral Aksener. Die Regierungspartei AKP dagegen wahrt Distanz – sie will es sich mit dem potenziellen strategischen Partner China nicht verscherzen. 2016 lieferte die Türkei sogar den uigurischen Aktivisten Abdulkadir Yapcan an Peking aus. Doch ein Rückführungsabkommen, das Ankara 2017 mit Peking unterzeichnete, wurde bisher nicht vom türkischen Parlament ratifiziert. Es gibt wenig Anzeichen dafür, dass sich das bald ändern würde. Zu groß wäre wahrscheinlich der Aufschrei nationalistischer Kreise im Parlament und in der Bevölkerung, die immerhin bis zu 15 Prozent der Wähler stellen und deren Einfluss weit in die säkulare CHP hineinreicht, die größte Oppositionspartei der Türkei.

Präsident Recep Tayyip Erdoğan, der sich sonst gern als Schutzherr aller Muslime stilisiert, ist auffallend still gegenüber Peking. Das war nicht immer so: Als die KP 2009 einen Aufstand in Xinjiang brutal niederschlug, warf Erdoğan Peking »eine Art Genozid« vor. Dass ebenjener »Schutzherr« gerade bei den krassesten Menschenrechtsverletzungen so schweigsam ist, hat einen Grund: Erdoğan hat sein Land von Europa entfremdet und immer abhängiger von chinesischem Geld gemacht.

Wer immer am Bosporus herrschte – Byzantiner, Osmanen, Türken – balancierte zwischen Kontinenten, Religionen und Kulturen. Die geografische Mittlerposition war mitunter ein Fluch, meist aber ein Segen. Republik-Gründer Kemal Atatürk richtete das Land 1923 deutlich Richtung Westen aus. Er führte die lateinische Schrift ein, drängte die Religion an den Rand und verbot Frauen sogar, das Kopftuch zu tragen. Seit 1952 ist das Land in der Nato und damit eigentlich fest im westlichen Bündnis- und Wirtschaftssystem verankert. Mehr noch: Die Türkei verfügt über die zweitgrößte Armee des Bündnisses und ist auch aufgrund ihrer Lage eines seiner wichtigsten Mitglieder.

Doch seit Erdoğans Regierungsantritt 2001 scheint das Land wieder Richtung Osten zu kippen. All das nur seinem Machtstreben zuzuschreiben, greift zu kurz. Aus türkischer Sicht war es der Westen, der Ankara mehrmals vor den Kopf gestoßen hat: Der Irak-Krieg 2003 lief türkischen Sicherheitsinteressen zuwider, weil er kurdische Unabhängigkeitsbestrebungen förderte. Ein EU-Beitritt Mitte der Nullerjahre wurde von den Regierungen in Berlin und

Paris verhindert, und im Syrien-Krieg setzte sich Washington abermals über türkische Interessen hinweg. Spätestens seit 2015 sucht Erdoğan neue Partner, um eine eigenständige Machtpolitik betreiben zu können. Er findet sie in Russland und China. Die Türkei ist kein typisches Land der Neuen Seidenstraße. Die chinesischen Investitionen hier sind geringer als bei den östlicheren Nachbarn, und Ankara versteht nach wie vor gut, zwischen der EU, den USA, Russland, den Golfstaaten und China zu lavieren, um den besten Preis für sich herauszuschlagen. Trotzdem aber nimmt der Einfluss Pekings auch in der Türkei zu.

Seit 2016 haben beide Staaten zehn bilaterale Abkommen unterzeichnet. Rund 1000 chinesische Unternehmen operieren in der Türkei. Hilfe aus Peking dürfte sich Erdoğan auch für seine massiv angeschlagene Währung erhoffen. Da er eine restriktive Zinspolitik ablehnt, setzt er auf große Kapitalzuflüsse aus dem Ausland. Im Idealfall sind das Direktinvestitionen in Form von Fabriken und Infrastrukturprojekten, die zu mehr Wirtschaftswachstum führen. Parallel fördert er den Tourismus, damit Devisen ins Land fließen. Kurzfristig kann auch ein Geldgeschenk in Milliardenhöhe helfen, wie 2018, als Katar, einer der wenigen verbliebenen Verbündeten, Erdoğan mit 15 Milliarden US-Dollar aushalf und damit die Lira kurzfristig stabilisierte.

Auch in Fragen der Regierungsform, glauben manche, habe sich Erdoğan Peking angenähert. Den gescheiterten Putsch vom Juli 2016 nutzte er geschickt, um eine Verfassungsänderung durchzuboxen und sich anschließend zum

Präsidenten mit großer Machtfülle wählen zu lassen. Das Magazin »Foreign Policy« mutmaßte im März 2021, dass Erdoğan den Schwenk Richtung China längst vollzogen habe. Die Türkei sei nun ein autoritäres Land und damit China viel näher als den liberalen Demokratien, zu denen es früher gehören wollte. Die Analyse allerdings ignoriert, dass sich nach wie vor ein großer Teil der türkischen Bevölkerung Europa zugehörig fühlt und im Großen und Ganzen liberale, säkulare Werte mit dem Westen teilt.

Die Achillesferse Ankaras aber ist seit Jahren die Finanzpolitik. Die Türkei weist ein großes Handelsbilanzdefizit auf, sie importiert Energie (aus Russland) und Maschinen und Elektronik (aus der EU und China). Die Exporte fallen wesentlich geringer aus, weswegen ein starker Dollar und steigende Energiepreise regelmäßig Währungskrisen auslösen (die Erdoğan mit seiner Einflussnahme auf die Zinspolitik der Zentralbank verschlimmert).

Dass Peking im Juni 2020 türkischen Unternehmen »erlaubte«, ihre Forderungen in chinesischen Yuan zu begleichen, ist Teil des größeren Plans: Langfristig geht es darum, die Vormachtstellung des US-Dollars zu schwächen. Jeder direkte Zahlungsverkehr mit China, der nicht den Umweg über US-Dollar nimmt, ist dabei ein Gewinn. Türkischen Unternehmen kam das Angebot inmitten der Währungskrise gelegen.

Eine neue Eisenbahnlinie soll Kars im Nordosten der Türkei mit Georgien und vor allem Aserbaidschan am Kaspischen Meer verbinden. Von dort besteht Anschluss an das chinesische Transportnetzwerk, das sich mittlerweile über Zentralasien spannt. Durch den Krieg in der Ukraine hofft man derzeit, dass sich dieser Handelsweg als Alternativroute zur Strecke durch Russland etabliert.

2015 kaufte sich ein chinesisches Konsortium mit 65 Prozent in den Istanbuler Containerhafen Kumport ein, und im Januar 2020 erwarben chinesische Unternehmen 51 Prozent der dritten Bosporus-Brücke, ein wegen seiner Rentabilität und Umweltschäden umstrittenes Prestigeprojekt Erdoğans. Peking investierte 1,7 Milliarden Dollar in ein neues Kohlekraftwerk am Mittelmeer und soll dabei helfen, den dritten Nuklearreaktor des Landes zu bauen. Auch chinesische Telekommunikationsanbieter wie Huawei und ZTE sind in der Türkei willkommen. Das wegen seiner Sicherheitslücken im Westen geschmähte Huawei hat hier einen Marktanteil von über 30 Prozent.

Gerüchten zufolge sollen chinesische Banken auch den geplanten »Istanbul Kanal« mitfinanzieren. Erdoğan will einen Kanal parallel zum Bosporus bauen lassen, um den Schiffsverkehr an der Meerenge zu entlasten. Das Projekt wird von Umweltschützern und Stadtplanern massiv kritisiert.

Trotz des chinesischen Einflusses aber ist es der Türkei bisher gelungen, sich das »Beste aus beiden Welten« zu holen und sogar eigene Interessen gegenüber China auszudrücken. Die Türkei steht auf der Liste der Empfänger chinesischen Geldes nur auf Platz 23, und noch immer kommen die meisten Direktinvestitionen mit Abstand aus der EU.

Mit dem »Middle Corridor« hat Ankara sogar eine Art

Konkurrenzkonzept zur Seidenstraße geschaffen. Eine Bahnverbindung soll die Türkei mit dem Kaukasus und anderen zentralasiatischen Staaten verbinden, wo Ankara seit Jahren seinen Einfluss ausbaut.

Bis auf den Maghreb in Nordafrika befinden sich nahezu alle Staaten mit moslemischer Bevölkerungsmehrheit im Orbit der Neuen Seidenstraße Pekings. Für zahlreiche Staaten im Nahen Osten ist Peking längst der wichtigste Handelspartner. Saudi-Arabien verkauft mittlerweile 25 Prozent seines Öls an Peking und dürfte dieses auch bald in chinesischen Yuan abrechnen. Allein 2021 hat Peking über zehn Milliarden in Energieprojekte im Irak investiert. In Ägypten baut China seit 2018 für 18 Milliarden eine Sonderwirtschaftszone am Suezkanal. In nahezu allen dieser Länder wurden seit 2017 Uiguren inhaftiert, insgesamt 682 von ihnen wurden still und leise an Peking ausgeliefert. Am Schweigen in der uigurischen Frage kann man relativ deutlich sehen, welche Folgen der wirtschaftliche Einfluss der Kommunistischen Partei Chinas haben kann.

Sowohl die Herrscher der Heiligen Stätten von Mekka und die Medina, also das saudische Königshaus, als auch die schiitischen Mullahs im Iran sind schnell dabei, die panislamische Solidarität zu beschwören, wenn es den eigenen Interessen dient. Bei den größten Verbrechen des 21. Jahrhunderts gegen ein »muslimisches Brudervolk« fallen die islamischen Regimes und Halb-Demokratien vor allem durch eines auf: Schweigen.

»Peking setzt viele Regierungen wirtschaftlich unter

Druck«, sagt der Menschenrechtsaktivist Adrian Zenz, der zahlreiche Aspekte des kulturellen Genozids recherchiert hat. Hinzu komme, dass viele islamische Regimes kein Interesse an der Lage der Minderheit hätten. Die Uiguren betrachte man als Randgruppe, auch weil sie mit dem synkretischen Islam einer eigenen Spielart der Religion anhingen.

Immerhin hat die Türkei weltweit noch die meisten Uiguren aufgenommen. Die Haltung Ankaras findet Zenz trotzdem beschämend. »Erdoğan will sich Peking als strategischen Partner offenhalten, nachdem er sich von den westlichen Demokratien immer weiter entfernt hat.«

Ömer Faruk, der Uigure in Istanbul, hat Glück: Seine Frau und er haben mittlerweile die türkische Staatsbürgerschaft erhalten. Ausgeliefert werden können sie nicht mehr. Das schützt sie, aber nützt Faruk nichts, wenn es darum geht, seine beiden Töchter wiederzusehen. Vier Jahre ist es nun her. Nach den Recherchen von Adrian Zenz sind in dieser Zeit über 880.000 Kinder in Xinjiang in Waisenhäuser und Internate eingewiesen worden.

10.

THE GREAT GAME II: AM LÄNGEREN HEBEL

»Entscheidend ist also nicht mehr die Kompatibilität Chinas mit der Welt, sondern die Kompatibilität der Welt mit China.«

NADINE GODEHARDT, STIFTUNG WISSENSCHAFT UND POLITIK

Shanghai im Frühjahr 2022 gleicht einem Albtraum: Chinas Zero-Covid-Politik ist gescheitert. Dabei war die Kommunistische Partei noch vor wenigen Monaten im In- wie im Ausland dafür gefeiert worden, weil es ihr mit drakonischen Maßnahmen gelungen war, das Land weitgehend virusfrei zu halten. Dafür gesorgt hatten unter anderem strikte Einreise-Kontrollen. Wer China besuchen hatte wollen, musste ein komplexes Prozedere mit PCR-Tests, Impfnachweisen und anderen Bescheinigungen über sich ergehen lassen und sich dann in eine zwei- bis dreiwöchige Quarantäne begeben. China hatte sich wie kaum ein anderes Land in der Pandemie verschlossen.

Flackerten irgendwo im Land doch Infektionsherde auf, verhängten die Behörden sofort einen Lockdown. Millionen Menschen mussten täglich zum PCR-Test antreten. Dafür, und die staatliche Propagandapresse wurde nicht müde das zu betonen, hätte die Partei das Virus unter Kontrolle. »Im Westen wütet das Chaos, hier seid ihr sicher«, lautete die Botschaft. Das funktionierte bis Anfang März ganz gut. Dann kam Omikron, und alles geriet außer Kontrolle.

Anfang Mai waren die meisten der 26 Millionen Einwohner von Shanghai seit über sechs Wochen in ihren Wohnungen eingesperrt und auf Lebensmittellieferungen der Regierung angewiesen. Rund 500.000 dürften sich in sogenannten Fangcang-Krankenhäusern befunden haben, eilig errichteten Quarantänelagern. Dass es unter den Tausenden Positiv-Getesteten ständig zu Kreuzinfektionen kam, ist offensichtlich. Wie viele in dieser Zeit in Shanghai an Hunger, unbehandelten Krankheiten oder durch Selbstmord gestorben sind, weiß man nicht.

»Sagen Sie Ihren Vorgesetzten, dass das eine Schande für Shanghai und China ist«, sagt der deutsche Geschäftsmann am Telefon. »Sagen Sie, dass diese Politik dumm ist und dass sie nicht funktioniert!«

Die Frau am anderen Ende der Leitung versucht zu beschwichtigen: »Ich weiß …«

»Nein, Sie wissen gar nichts, Sie haben keine Ahnung, welcher Irrsinn hier vor sich geht«, unterbricht sie der Mann. Doch die Frau erwidert: »Aber Ihr Test war positiv,

Sie werden heute abgeholt und in ein Quarantänecamp gebracht. So sind die Regeln.«

Im Laufe des zehnminütigen Gesprächs stellt sich heraus, dass der Mann und seine Frau vor einigen Tagen schon einmal in ein Fangcang-Krankenhaus gebracht worden waren. Dort aber stellte man einen Fehler im System fest, der PCR-Test war nun doch negativ, sie durften wieder nach Hause. Sie sollten erneut getestet werden, doch das passierte nie. Stattdessen der Anruf zwei Tage später, man wolle sie nun wieder in ein Camp bringen.

Eine Aufnahme des Gesprächs fand ihren Weg ins Netz und wurde seitdem öfter geteilt, als die Zensoren sie löschen konnten. Sie gibt eine Ahnung über das Stimmungsbild der ausländischen Business-Community der Metropole. Jahrzehntelang zog Shanghai Menschen und Unternehmen aus der ganzen Welt an. Zwei Jahre China-Erfahrung durften in den polierten Lebensläufen deutscher Topmanager nicht fehlen.

»Das ist nicht mehr das Shanghai, das ich kenne«, sagt ein deutscher Geschäftsmann. »Niemand konnte sich vorstellen, dass das in der offensten und am besten entwickelten Stadt des Landes passiert.« Die ausländische Gemeinde steht unter Schock. Die Metropole hat ihren Glanz für die internationale Business-Community verloren. Unterdessen bemüht sich die Regierung halbherzig um Schadensbegrenzung: Seit Mitte April gelten sogenannte »Production Bubbles«, um zumindest Schlüsselindustrien am Laufen zu halten. Dazu wurde eine »White List« mit 666 Unternehmen erstellt, die weiter produzieren dürfen (die Zahl

666 steht im Chinesischen eher für »großartig« als für den Teufel). Zwei Drittel der gelisteten Unternehmen sind im Automobilgeschäft tätig, dazu zählen auch Volkswagen und Tesla.

Die einzige Möglichkeit, den Betrieb aufrechtzuerhalten, waren bis dahin sogenannte »Closed Loop«-Systeme: Die Arbeiter schliefen für mehrere Wochen auf dem Werksgelände und wurden täglich getestet. Was nach Arbeitslager klingt, dürfte angesichts der Zustände in der Stadt für viele die bessere Alternative gewesen sein.

Die Produktion am Laufen zu halten, ergibt allerdings nur Sinn, wenn Waren an- und ausgeliefert werden können. Doch vor Shanghai stauen sich im Gelben Meer die Containerschiffe. Anfang Mai warten rund 900 Schiffe vor Ningbo und Shanghai seit Wochen auf Löschung ihrer Ladung. Auch zu Lande stockt der Warenverkehr. Lastwagenfahrer müssen, um die Waren von Shanghai ins 50 Kilometer entfernte Taicang zu bringen, die Provinzgrenze überqueren. Das kann dazu führen, dass sie tagelang ihren Lkw nicht verlassen dürfen oder dass sie in einem Quarantänezentrum landen. Der Transport von Waren in der wirtschaftlich wichtigen Provinz Jiangsu ist infolgedessen um 60 Prozent zurückgegangen, während die Kosten um 30 Prozent stiegen.

Ob die Auswirkungen der gestörten Lieferketten für mehr Unruhe in den westlichen Volkswirtschaften oder in China selbst sorgen, lässt sich schwer sagen. Auf jeden Fall heizen die Engpässe in den USA und Europa die Inflation an, die in diesen Monaten erstmals seit den 1970er

Jahren wieder zweistellig wird. Denn auf einmal stottert die Fabrik der Welt, und weniger Güter erreichen die Welt. Das wiederum bedeutet steigende Preise.

Allerdings hat sich China wenige Monate später schon wieder von der selbst zugefügten Schocktherapie erholt – und das ohne die Hilfe ausländischer Konzerne. Denn den Plan, sich unabhängig von ausländischem Kapital und Know-how zu machen, gab es schon vor der Pandemie. Die rigorosen Lockdown-Maßnahmen beschleunigten nur das, was seit Jahren vorbereitet wurde: die schrittweise Ausweitung der staatlichen Kontrolle über die Wirtschaft und die Neubesetzung von Schlüsselpositionen, die jahrelang Ausländer innehatten, mit chinesischen Staatsbürgern.

All das folgt einer sorgfältig und auf lange Sicht geplanten Strategie. Anders als viele Entwicklungsländer überließ Peking nicht einfach westlichen Konzernen den gewaltigen Markt. Wer an Chinesen verkaufen wollte, musste Know-how dalassen. Westliche Unternehmen, allen voran die deutschen Autobauer, wurden in Joint Ventures mit chinesischen Unternehmen gezwungen. Gewinne durften nicht einfach abgezogen, sondern mussten in China reinvestiert werden. Diese Hürden hielten die globale Wirtschaftselite nicht davon ab, China als Zukunftsland zu feiern. Hohe einstellige, manchmal sogar zweistellige Wachstumsraten waren für die Konzernchefs unwiderstehlich: Nicht in China zu sein, können wir uns nicht leisten!

Auch über die chronische Wirtschaftsspionage und den Patentdiebstahl sah man hinweg. So sank der ausländische Anteil der Wertschöpfung in China immer weiter. Die Abteilungen Forschung und Entwicklung hatten immer mehr Konzerne auf Drängen Pekings nach China verlagert. Am Ende ging es nur noch um eine Handvoll Experten in den Chefetagen, die das Joint Venture von Volkswagen mit dem chinesischen Autobauer SAIC als »deutsches« Unternehmen erscheinen ließen.

Die Realität 2022 sieht so aus: Die Produktion ist in China, der Markt ist in China, Forschung und Entwicklung sind in China. Ausländer braucht Peking eigentlich nicht mehr. Die Pandemie war ein willkommener Anlass, ihre Zahl nochmals auszudünnen. Die Energiekrise und der Krieg in der Ukraine tun ein Übriges: Weil in der EU Energie nachhaltig teurer wird, ergibt es für internationale Konzerne immer weniger Sinn, die Standorte zu halten. Kaum etwas verdeutlicht diesen Trend besser als die Entscheidung von BASF-Chef Martin Brudermüller, das China-Engagement des Chemieriesen trotz der geopolitischen Spannungen weiter auszubauen. Zehn Milliarden US-Dollar will BASF in den kommenden Jahren in China investieren, verkündete er im Herbst 2022. »Wir kommen in der Summe zum Schluss, dass es vorteilhaft ist, unser Engagement dort auszubauen«, so Brudermüller, der zehn Jahre seiner Karriere in Hongkong verbracht hat. Gleichzeitig soll der größte Verbund Europas in Ludwigshafen jedes Jahr 500 Millionen einsparen. Denkt man diese Entwicklung weiter, bleibt von der Substanz in Europa eben nicht mehr so viel übrig. »BASF gibt es dann immer noch, aber das ist dann BASF China«, sagt Hasan Alkas, Professor für Mikroökonomie mit dem Schwerpunkt internationale Märkte an der Hochschule Rhein-Waal in Kleve. »Leider trifft es nicht nur Großkonzerne, sondern auch viele mittelständische Betriebe.«

Inzwischen werden knapp 30 Prozent aller Güter weltweit in China produziert, an zweiter Stelle erst folgen die USA mit weniger als 17 Prozent, dann weiter abgeschlagen Japan mit 7,5 und Deutschland mit 5 Prozent. Noch im Jahr 2000 waren die USA für 80 Prozent aller Staaten der wichtigste Handelspartner. Knapp 20 Jahre später hat China Amerika abgehängt: Für rund 130 von 190 Ländern ist heute China wirtschaftlich der wichtigere Partner. Die Führung in Peking weiß um diese Macht. Ohne die »Fabrik der Welt« läuft nichts – es gibt keine Waren und wenn, dann nur zu einem höheren Preis. Denn so günstig und verhältnismäßig gut wie in China wird nirgendwo sonst auf der Erde produziert.

China ist umgekehrt allerdings auch abhängig von der Welt. Es braucht Energie, und zwar immer mehr, wenn das Wirtschaftswachstum Schritt halten soll. Und es braucht Absatzmärkte für die Waren, die in seinen Fabriken produziert werden. Dieses, die eigene Abhängigkeit zu verringern und gleichzeitig mehr Kontrolle über die Handelspartner zu bekommen, ist das Ziel der Regierung in Peking. Im Mai 2020 verkündete Xi Jinping deswegen das Konzept der »Dual Circulation« oder der »Zwei Kreisläufe«.

Ein Binnenkreislauf soll möglichst autark funktionieren, während ein zweiter Wirtschaftskreislauf mit dem Ausland handelt, Güter exportiert und wichtige Rohstoffe importiert. Die Binnenwirtschaft, also der autarke Kreislauf, soll gestärkt werden, die Chinesen sollen mehr konsumieren. Deswegen will man zum Beispiel die einheimische Produktion von Weizen um 650 Millionen Tonnen steigern. Staatspräsident Xi Jinping betonte in seiner Rede mehrfach, wie wichtig Lebensmittel- und Energiesicherheit seien. China dürfe sich nicht mehr auf Importe aus dem Ausland verlassen.

Wie immer bei chinesischen Konzepten und Kampagnen ist auch das der Zwei Kreisläufe inhaltlich so schwammig, dass man sich alles und nichts darunter vorstellen kann. Für die Partei hat das einen Vorteil: Es bleibt stets Raum, die Konzepte anzupassen. Deutlich genug aber ist die Tendenz, dass sich ein Teil der chinesischen Wirtschaft in den kommenden Jahren verschließen wird, während der andere aggressiv auf Märkte in Asien und Europa vordringen soll.

Der innere Kreislauf ist ein von den globalen Waren- und Finanzströmen weitgehend abgeschirmter Binnenmarkt. Um diesen durch mehr Konsum zu stimulieren, soll zum Beispiel die Urbanisierung nochmals beschleunigt werden. Obwohl in den vergangenen Jahren viele Megastädte rasant gewachsen sind, leben noch immer 40 Prozent der 1,3 Milliarden Chinesen auf dem Land. In diesem Kreislauf produzieren chinesische Unternehmen für chinesische Konsumenten – ausländische Unternehmen sind daran allenfalls marginal beteiligt. Wie eine vom Rest der Welt abgekoppelte Wirtschaft aussehen kann, sieht man heute vielleicht am besten, wenn man versucht, sein Smartphone innerhalb Chinas zu benutzen. Die im Westen so essenziellen Apps wie WhatsApp, Facebook, Instagram, Google, YouTube und Twitter funktionieren nicht. Wer sie dennoch benutzen will, braucht ein Virtual Private Network (VPN), das aber den Datenfluss verlangsamt. Stattdessen sind die chinesischen Super-Apps WeChat und Alipay omnipräsent, egal ob zum Bezahlen, Kommunizieren oder Kauf eines Flugtickets. Wer die Apps nicht hat, ist im Alltag nahezu aufgeschmissen.

Laut der Unternehmensberatung »Marco Polo« werden diese Tendenzen in den kommenden Jahren noch zunehmen. »Bis 2025 wird Chinas technologisches Ökosystem gereift sein und mit dem Silicon Valley gleichgezogen haben, was Dynamik, Innovation und Wettbewerbsfähigkeit betrifft«, hieß es in der kürzlich erschienenen Studie »Forecast 2025: China Adjusts Course«. »China wird größtenteils erfolgreich sein, eine starke neue Infrastruktur auszubauen – Cloud Computing, 5G-Netzwerke, Smart Cities und Überwachungsnetzwerke, um den Übergang zum industriellen Internet zu gewährleisten.«

Ob Peking bis 2025 dieses Ziel tatsächlich erreicht, ist allerdings fraglich. Denn die USA sind sich sehr wohl bewusst, dass das Konzept »Wandel durch Handel« versagt hat und man sich inzwischen in einem offenen Konkurrenzkampf befindet, in dem die Zeit für Peking spielt. Im Oktober beschloss die US-Regierung deshalb ein Gesetz, das zwar relativ wenig Beachtung in den Medien fand, in seiner Bedeutung aber kaum zu unterschätzen ist. Der »Chip Act« besagt, dass »keine US-Technologie mehr bei der Produktion von Halbleitern unter einer Strukturbreite von 16 Nanometer verwendet werden darf.« Das hat zur Folge, dass viele Fabriken in China nicht mehr beliefert werden. Die neuen Gesetze kommen einem Chip-Embargo gleich. Hinzu kommt, dass amerikanische Staatsbürger, die derzeit in China für Halbleiter-Unternehmen tätig sind, quasi über Nacht das Land verlassen müssen. Chips, also Halbleiter, werden oft als das »Öl des 21. Jahrhunderts« bezeichnet, was nicht ganz treffend ist, da man noch immer Erdöl benötigt, um Chips herzustellen. Korrekt aber ist, dass Halbleiter für die Wirtschaft (und Kriegsführung) heute ähnlich basal sind. Halbleiter sind nach Rohöl, Kraftfahrzeugen und raffiniertem Öl das viertmeist gehandelte Produkt der Welt. In jedem modernen Auto stecken rund 1400 Halbleiter, und kein Smartphone kommt ohne sie aus.

China ist derzeit ohne fremde Hilfe in der Lage, Halbleiter in der Größe von 90 Nanometern selbst herzustellen. Das chinesische Wirtschaftsmagazin »Caixin« geht davon aus, dass es Peking nicht vor 2024 gelingen wird, 40-Nanometer-Chips autark zu produzieren.

Die USA also sitzen, was Halbleiter betrifft, am längeren Hebel, China ist derzeit weit abgeschlagen. Die Sanktionen dienen dazu, diesen Abstand nicht kleiner werden zu lassen. Peking aber hält seinerseits einen anderen Trumpf in der Hand: Es verfügt über die nötigen Rohstoffe, die

Seltenen Erden, die zur Produktion von Smartphones, aber auch Halbleitern benötigt werden. Zudem sind die Kobaltminen im Kongo mittlerweile in chinesischer Hand. Xi Jinping könnte sich also mit einem Embargo für Seltene Erden und Metalle revanchieren.

Der »Chip Act« könnte Peking folglich dazu bringen, die eigene Chipindustrie zu fördern und konkurrenzfähig zu machen. Der Notwendigkeit, nun schnell zu den USA aufzuschließen, ist man sich in Peking wohl bewusst. Dabei helfen sollen 143 Milliarden US-Dollar an Subventionen und Steuernachlässen. Das größte Subventionspaket der vergangenen fünf Jahre soll zunächst vor allem chinesische Unternehmen dazu anhalten, Chips aus heimischer Produktion zu kaufen.

Auch wenn es Peking gelingen sollte, im Technologiebereich autark zu werden, ist es doch auf andere Handelspartner angewiesen. China importiert Rohstoffe aus Australien, Afrika und Südamerika und überschwemmt im Gegenzug die globalen Märkte, und das längst nicht mehr nur mit Billigwaren. Neben Kugelschreibern und Plastikspielzeug exportiert China heute vor allem Überwachungskameras, Drohnen, medizinisches Material und Maschinen. Dieser äußere Kreislauf soll ebenfalls weiter gestärkt werden. Denn die chinesischen Fabriken brauchen Absatzmärkte.

Die meisten Güter stammen aus dem wirtschaftlich potenten und auf Exporte ausgerichteten Perlflussdelta und vom Jangtse-Delta rund um Shanghai. In unmittelbarer

Nähe der 26-Millionen-Metropole befinden sich die größten Containerhäfen der Welt, Ningbo und Hangzhou. Von hier treten die Güter ihre Reise an, über den Pazifik in die USA und vor allem durch die Straße von Malakka an Singapur vorbei in den Nahen Osten, nach Afrika und Europa. Aber längst nicht alle Waren nehmen den Weg über das Meer. Immer mehr werden auch über die eurasische Landmasse transportiert. Dazu gehört auch die Zugstrecke von Chongqing nach Duisburg. Die Züge bringen vor allem technisches Material wie Halbleiter, Computer und Drucker nach Europa. Deutsche Politiker beklatschten das Projekt über alle Parteigrenzen hinweg. Der ehemalige Wirtschafts- und Außenminister Sigmar Gabriel und Nordrhein-Westfalens Ex-Ministerpräsidentin Hannelore Kraft begrüßten schon Züge höchstpersönlich.

Erst seit der Invasion der Ukraine durch Putin ist man in Deutschland vorsichtiger geworden. Vielleicht könnte einem das kritiklose Hofieren chinesischer Unternehmen doch noch eines Tages um die Ohren fliegen, mag sich mancher Politiker denken, seitdem die Russland-Connections vieler SPD-Granden aufgearbeitet werden.

Für die Produktion von Gütern braucht China vor allem eines: immer mehr Energie. Zwar sind die Wachstumszahlen im Vergleich zu den vergangenen zwei Jahrzehnten nicht mehr so hoch, aber mit vier bis fünf Prozent noch weit über dem Durchschnitt westlicher Volkswirtschaften. Chinas Volkswirtschaft muss wachsen, auch weil zunehmender materieller Wohlstand eine Legitimationssäule für die Kommunistische Partei ist. Projektionen gehen davon aus, dass der »Peak Energy«, also der maximale fossile Energieverbrauch, nicht vor 2030 erreicht werden wird. Peking ist gut darin, regelmäßig Nebelkerzen zu werfen, die der westlichen Bevölkerung suggerieren, China werde »grün«. Zwar ist das Land der größte Produzent von Solarzellen, diese wiederum aber werden meist mit Kohleenergie hergestellt. Mit knapp 60 Prozent war Kohle 2020 die größte Primärenergiequelle. Danach folgte Öl mit 20 Prozent. Erst dann kommen Wasserkraft mit acht Prozent und regenerative Energien mit fünf Prozent. Und während Peking zwar viel Geld in regenerative Energien, vor allem Wasserkraft, investiert, steigt der Kohle- und Erdölbedarf kontinuierlich. Vor allem aber kann die heimische Produktion mit der Binnennachfrage nicht mithalten: Jedes Jahr ist China also auf mehr Öl-, Gas- und Kohle-Importe aus dem Ausland angewiesen. Seit 2017 ist China der größte Importeur von Rohöl weltweit. Das meiste davon kauft Peking in Saudi-Arabien. Gas kommt vor allem aus Russland und Zentralasien.

Auch deswegen hatte Xi Jinping im Winter 2022 keine Hemmungen, sich nicht an den Sanktionen gegen Putin zu beteiligen. Im Gegenteil: Die Öl- und Gasimporte aus Russland haben seitdem stark zugenommen, während die EU sich Energie aus Russland verwehrt.

Die einzige Energiequelle, deren Verbrauch derzeit nicht stark zunimmt, aber auf hohem Niveau stagniert, ist Kohle. Wer einmal den dichten Wintersmog in einer chinesischen Metropole erlebt hat, weiß warum: Die Gesundheitsbelastungen, die Kohlekraftwerke mit sich bringen, nagen an der Zufriedenheit der neuen chinesischen Mittelschicht in der Partei. Eine Abkehr von Kohle ist dennoch nicht zu erkennen – wohl auch, weil es von diesem Energieträger relativ viel im eigenen Land gibt. Die wichtigsten Importländer für Kohle sind Indonesien und Australien.

Zurück in Shanghai im Frühsommer 2022. Nach zwei Monaten dürfen die Bewohner im Juni wieder ins Freie. In den Fabriken im Jangtse-Delta läuft die Produktion wieder an. Der Stau der Containerschiffe im Gelben Meer löst sich nach und nach auf. Die Weltwirtschaft beginnt aufzuatmen, die globalen Lieferketten laufen wieder relativ reibungslos. Zudem ist die steigende chinesische Nachfrage gut für die globale Konjunktur, was wiederum den Aktienmärkten gefällt. Erst ein halbes Jahr später, im Dezember 2022, beendet China seine absurde Zero-Covid-Politik. Was hinter der radikalen Kehrtwende steckt, ist nicht ganz klar. Waren es die Proteste im Foxconn-Werk? Der Apple-Zulieferer ist mit knapp einer Million Beschäftigten einer der größten Arbeitgeber des Landes. Wegen der strikten Quarantänebestimmungen und anderer Auflagen hatten sich Arbeiter dort Straßenschlachten mit Sicherheitskräften geliefert. Oder waren es die Proteste in mehreren chinesischen Städten, die größten seit der Protestbewegung von 1989? Auf jeden Fall haben die Verwerfungen bei der chinesischen Produktion und den globalen Lieferketten gezeigt, wie abhängig der Westen von der »Fabrik der Welt« geworden ist.

Und gleichzeitig ist Peking seinem Ziel ein großes Stück näher gekommen: Viele Ausländer haben das Land verlassen. Die Pandemie lässt sich auch als Testlauf für die Strategie der Zwei Kreisläufe sehen: Denn während dieser Zeit interagierte das Land mit der Welt nur noch über Warenflüsse. Menschen waren daran kaum noch beteiligt. Die Neue Seidenstraße ist bestens kompatibel mit dem Konzept der Zwei Kreisläufe: Viele der Infrastrukturprojekte wie Pipelines und Häfen, die China weltweit finanziert, dienen dazu, die Energiesicherheit des Landes zu stärken. Andere wiederum erleichtern es, chinesische Produkte zu exportieren.

MYANMAR
Letpadaung
Kyaukphyu
SINGAPUR

11.

VOR ORT IN MYANMAR: DAS MALAKKA-DILEMMA

»Bestimmte Mächte versuchen die Meerenge zu kontrollieren.«

HU JINTAO,
CHINESISCHER PRÄSIDENT VON 2003 BIS 2013

U Thein Thun steht auf dem staubigen Acker, der einst ihm gehörte. Er deutet auf einen Kreis aus Kreide. »Hier haben sie meine Cousine erschossen.« Der feingliedrige Mittfünfziger trägt einen Longyi, den traditionellen Männerrock der Burmesen. Hinter ihm erhebt sich ein Berg, auf dessen Plateau ein Laster zu erkennen ist. Stacheldraht und ein Stahlgitter umzäunen die Erhebung. Ein Soldat auf einem Wachturm blickt durch sein Fernglas. Als er uns entdeckt, kommt ein weiterer hinzu.

Thuns Cousine starb im Dezember 2014. Damals versuchten die Bauern nahe der Letpadaung-Mine in Myanmar ein letztes Mal, gegen ihre Enteignung zu protestieren. Die Regierung des Landes, das im Westen oft noch unter dem bis 1989 gebräuchlichen Namen Burma bekannt ist, schickte Militär, die Soldaten schossen mit scharfer Munition.

Als die drei Hektar noch Thuns zehnköpfiger Familie gehörten, bauten sie hier Tomaten, Sesam und Mais an. 350 US-Dollar verdienten sie damit im Monat. Wenig Geld, aber immerhin etwas im ärmsten Land Südostasiens. Ende 2011 aber tauchten plötzlich die Chinesen auf, unterstützt vom burmesischen Militär. So wie Thun erging es rund 4000 anderen Einheimischen. Gegen eine geringe Kompensation wurden sie enteignet. »Sie gaben uns 450 Dollar und sagten, wir sollen verschwinden«, erzählt er jetzt, im März 2015, auf seinem Acker. Die Pagode auf dem Berg wurde zum Entsetzen der Mönche und Dorfbewohner abgerissen. Das Joint Venture, bestehend aus dem chinesischen Unternehmen Wanbao Mining[3] und dem burmesischen Militärunternehmen Myanmar Economic Holdings Limited, begann mit der Ausbeutung der Kupfervorkommen auf dem Berg. Hinzu kommen Zinn und Seltene Erden.

Letpadaung liegt etwa 150 Kilometer westlich von Mandalay, der zweitgrößten Stadt Myanmars. Ein Drittel der Einwohner Mandalays sind Chinesen, schätzt man. Gesicherte Zahlen gibt es in Myanmar für kaum etwas. Ein Teil von ihnen lebt seit Generationen in Myanmar. Denn

3 Eine Tochter des Staatsunternehmens China North Industries Group Corporation Limited, Norinco

nach dem verlorenen Bürgerkrieg gegen Mao war zwar ein Großteil der Guomindang-Partei (KMT) unter Chiang Kaishek nach Taiwan geflüchtet, aber Tausende Soldaten waren auch über die grüne Grenze ins damalige Burma geflohen. Teile der Untergrundarmeen haben sich bis heute gehalten und verdienen ihr Geld mit bewaffnetem Drogenschmuggel.

Die meisten Chinesen aber kamen erst in den letzten Jahren. Es gibt chinesische Restaurants, chinesische Hotels, chinesische Fertignudeln. Je näher man der gemeinsamen Grenze im Norden des Landes kommt, desto größer ist der Einfluss des übermächtigen Nachbarn. Spürbar ist er allerdings auch im Süden. China ist der mit Abstand größte Investor in Myanmar. Allein in die Mine Letpadaung steckten die Chinesen eine Milliarde Dollar.

Myanmar ist eines der instabilsten Länder der Region und weltweit. Jahrzehntelang regierte eine Militärjunta das rätselhafte Land zwischen Thailand, China und Indien. Die Generäle waren für ihre Grausamkeit und Exzentrik berüchtigt: 2005 verlegten sie die Hauptstadt von Yangon nach Naypyidaw in den Dschungel, weil Astrologen düstere Prophezeiungen über den alten Regierungssitz gemacht hatten. Zudem stellten sie von Links- auf Rechtsverkehr um, was offenbar ebenfalls günstigeres Karma verhieß.

2012 jedoch kam es zu demokratischen Reformen. Die Friedensnobelpreisträgerin Aung San Suu Kyi wurde nach 15 Jahren aus ihrem Hausarrest entlassen, und Hoffnung machte sich breit. In den Folgejahren strömten Journalisten, NGOs, Unternehmen und Touristen ins Land. Letztere vor allem wegen der unberührten Strände und der Tempelstadt Pagan. 2016 kam die Partei von Aung San Suu Kyi sogar an die Regierung. Doch die Hoffnungen auf eine demokratische Öffnung des Landes verflogen, als klar wurde, dass das Militär mit aller Härte gegen die muslimischen Rohingya im Norden vorging, was als Völkermord eingestuft wird. Warum die Friedensnobelpreisträgerin sich nicht klarer dagegen aussprach, ist ein Rätsel.

600.000 von ihnen leben in »Cox Bazar«, dem größten Flüchtlingslager der Welt in Bangladesch. Im Februar 2021 putschte das Militär, und seitdem sind die Generäle wieder an der Macht. Proteste wurden blutig niedergeschlagen.

All diese Entwicklungen spielen für die Beziehungen zu Peking kaum eine Rolle. Rund 20 Milliarden Dollar flossen seit den 80er Jahren aus China nach Myanmar. Die Geschäfte mit den Generälen laufen seit Jahrzehnten gut, und Aung San Suu Kyi änderte ebenfalls nichts am guten Verhältnis zu China. Denn für Peking ist das Land von herausragender geostrategischer Bedeutung: Es schafft eine Verbindung zum Indischen Ozean, ohne die Meerenge bei Singapur und die Straße von Malakka passieren zu müssen.

In China ist dieses geografische Nadelöhr als »Malakka-Dilemma« bekannt. Ähnlich wie im Suezkanal, in der Straße von Gibraltar, am Bosporus und im Panamakanal konzentriert sich auch hier ein Großteil des Welthandels.

Täglich passieren Hunderte von Schiffen die Straße von Malakka, die das Südchinesische Meer mit der Andamanensee und dem Indischen Ozean verbindet. Ein Fünftel bis ein Viertel des auf Schiffen beförderten Welthandels zwängt sich durch die 1000 Kilometer lange Straße, die an ihrer schmalsten Stelle gerade einmal 38 Kilometer misst. Das Meer ist meist kaum 200 Meter tief, an seinen flachsten Stellen gar nur 20. Das führte dazu, dass man eine eigene Schiffsklasse für die Meerenge entwickelte, die sogenannten Malaccamax-Tanker. Sie können die Straße gerade noch passieren.

Früher war die Meerenge für Piratenüberfälle berüchtigt. Heute schützt die 7. Flotte der US-Marine die Straße. Hinzu kommen kleinere Stützpunkte der US-Luftwaffe in Singapur. Davon profitiert auch China, denn so sind der reibungslose Handel und vor allem die Versorgung mit Öl und Gas aus dem Nahen Osten gesichert. Bis zu 80 Prozent des importierten Rohöls kommen durch diese Straße. Im Konfliktfall allerdings könnte Washington sie sperren und damit eine Lebensader Chinas abklemmen. Peking ist daher seit Langem bestrebt, sich aus diesem Dilemma zwischen dem Schutzbedürfnis einerseits und der Abhängigkeit von den Amerikanern andererseits zu befreien.

Immer wieder wird die Idee ins Spiel gebracht, einen Kanal durch die malaysische Halbinsel zu bauen, um die Straße zu entlasten. So weit ist es bisher nicht gekommen. Dafür aber gibt es eine Art »Hintereingang« zum Indischen Ozean: Myanmar.

Das für Peking geostrategisch wichtigste Projekt in der Region ist kaum bekannt. Wer es besuchen möchte, muss Zeit mitbringen. 2015 zumindest flog einmal die Woche von der größten Stadt des Landes Yangon eine Propellermaschine den Ort Kyaukphyu am Indischen Ozean an. Mittlerweile scheint die Flugverbindung eingestellt zu sein. Es bleibt nur eine Acht-Stunden-Fahrt über eine Buckelpiste vorbei an staubigen Dörfern und Mangrovenwäldern. Selten schaffen Autos hier mehr als 30 Kilometer pro Stunde. Myanmar gehört zu den ärmsten Ländern der Welt, und immer wieder berichten Menschenrechtsorganisationen von Zwangs- und Kinderarbeit. Am Straßenrand erhitzen Frauen und Kinder Asphalt in Fässern und verteilen ihn auf der Strecke, so teeren sie die Straße Stück für Stück in mühevoller Handarbeit. Andere zertrümmern Felsen. Immer wieder ist die Straße blockiert, weil eine Brücke eingestürzt ist oder sich Schutt von Abhängen gelöst hat. Kyaukphyu ist ein kleines, brütend heißes wie schwüles Fischerdorf an der Andamanischen See. Von dort sind es nochmals zwei Stunden mit einem Langboot zur Insel Maday, auf Chinesisch Ma De.

Vier Pipelines in Form von gelben Stahlschläuchen leuchten im Himmel, der das Blau des Meers angenommen hat. Dahinter liegen zwölf kreisrunde Öltanks. Über allem thront ein palastartiges Verwaltungsgebäude, das von Stacheldraht umzäunt ist. Auf einem Plakat steht: »Congratulations on the Commissioning of Ma-De Crude Oil Unloading Terminal«. Gebaut hat es das chinesische Staatsunternehmen CNPC (China National Petroleum Company).

Die Myanmar-China Oil and Gas Pipelines sind das größte Energie-Infrastruktur-Projekt des Landes. Es kostete 2,5 Milliarden US-Dollar, wovon 1,5 Milliarden auf die Öl- und eine Milliarde auf die Gaspipelines entfielen.

Die Baracken der Arbeiter sehen nicht anders aus als die Unterkünfte der Wanderarbeiter in Shanghai oder Peking: lang gezogene Containerhallen mit blauem Dach, in denen sich Mehrbettzimmer befinden. Seit Anfang 2015 liefern hier vier Pipelines Öl und Gas von Kyaukphyu am Indischen Ozean ins 800 Kilometer nordöstlich gelegene Kunming in der chinesischen Provinz Yunnan. Während das Gas aus dem Shwe-Gasfeld nahe der Küste kommt, bringen Tanker das Öl vom Persischen Golf. Die neuen Pipelines umgehen die Straße von Malakka bei Singapur und machen das energiehungrige Land so unabhängiger.

Der Grundstein dafür wurde schon Jahre vor dem offiziellen Start der Neuen Seidenstraße gelegt. 2009 war der heutige Alleinherrscher Xi Jinping noch stellvertretender Ministerpräsident, als er bei einem Besuch das Projekt mit der Militärregierung von Myanmar finalisierte. Schon vier Jahre zuvor hatte PetroChina, eine Tochter der China National Petroleum Corporation (CNPC), einen Vertrag mit der Regierung von Myanmar unterzeichnet, um in den kommenden 30 Jahren Gas aus dem Shwe-Feld zu beziehen. Es fließt seit 2013, im Jahr darauf ging auch die Ölpipeline in Betrieb. Die vier Rohre laufen von der Insel Ma De zum nächstgrößeren Hafen Kyaukphyu Richtung Nordosten nach Mandalay. Sie durchqueren den »Shan State«, in dem es immer wieder zu Unruhen kommt, und erreichen die Grenze dann bei Ruili. Endpunkt ist Kunming. Die Zehn-Millionen-Stadt ist Hauptstadt der Provinz Yunnan. Die Menge des importierten Öls ist relativ gering: Zwar sind die Angaben der chinesischen Quellen widersprüchlich; mit zehn bis 20 Millionen Tonnen Erdöl im Jahr deckt China damit aber gerade einmal den Tagesverbrauch. Doch für den Südosten der Volksrepublik mit den weiter nördlich gelegenen Metropolen Chongqing und Chengdu könnte die Pipeline in Zukunft an Bedeutung gewinnen.

An vier Punkten entlang der Pipeline zweigt sich Myanmar selbst Gas ab. Für das Land ergibt das Projekt Sinn: Allein hätte es weder die Mittel noch eine ausreichend hohe Energienachfrage. Pro beförderter Tonne Öl geht ein Dollar an die Regierung von Myanmar. Hinzu kommen knapp 14 Millionen US-Dollar an Transfergebühren, das macht etwa 30 Millionen US-Dollar im Jahr. Die Menschen, die entlang der Pipelines leben, haben allerdings nichts davon.

Das Dorf von Hla Thain Yang liegt eine halbe Stunde Fußmarsch von Ma De entfernt. Es besteht aus einer Ansammlung von windschiefen Bambushütten. Sandige Hunde und dicke Schweine streunen über den Weg. Wie viele Leute hier leben, weiß niemand. »Sie haben unser Land genommen und uns das Fischen verboten«, schimpft Hla Thain Yang. Die 53-Jährige spuckt roten Speichel auf den Sand. Ihr Gesicht ist bleich vom Reismehl, ihre Zähne blutrot vom Betelnusskauen, ein in der Region übliches Rauschmittel. Hinter ihr grunzt ein Schwein. »Seitdem die Chinesen gekommen sind, ist für uns alles schlechter geworden.« Die Bewohner des kleinen Dorfs haben sich im Schatten eines Stelzenhauses versammelt. Sie stimmen ihr zu. Als die Chinesen vor fünf Jahren auftauchten, um das Ma-De-Projekt zu bauen, mussten sie ihre Felder verlassen. Sie bauten hier Reis und Betelnüsse an. »Uns wurde eine Entschädigung versprochen«, sagt Yang. »Aber die haben wir nie bekommen.«

Nachdem der erste Öltanker aus dem Nahen Osten bei Ma De angelegt hatte, wurde den Dorfbewohnern von der burmesischen Marine das Fischen aus Sicherheitsgründen verboten. »Wir wissen, dass mehr Tanker kommen werden«, sagt Yang. »Dann haben wir überhaupt kein Einkommen mehr.«

Nur rund 30 Prozent der Jobs am Pipelineprojekt gingen an Einheimische. Die anderen Arbeiter brachte die chinesische Firma selbst mit. »Wir seien zu schlecht qualifiziert, haben sie uns gesagt«, erzählt Yang. Zur Eröffnung Ende Januar kam auch der Energieminister des Landes. Von der Entschädigung, die er den Dorfbewohnern vage versprach, haben sie bislang nichts gesehen.

Nachhaltig ist das Vorgehen Chinas selten. Denn die meist staatseigenen Unternehmen gehen dabei extrem unsensibel vor. Auf lokale Gegebenheiten oder Umweltbelange nehmen sie kaum Rücksicht – viele sind es aus ihrer Heimat nicht anders gewohnt. Im Fall der Letpadaung-Mine war nicht einmal die Hälfte der 441 betroffenen Haushalte mit dem erzwungenen Landverkauf einverstanden. Die Schmutzarbeit erledigt Myanmar selbst. Gegen Proteste setzte die burmesische Polizei im November 2012 sogar Phosphorgranaten ein, was zu Hunderten Verletzten führte. Zu ähnlichen Problemen mit chinesischen Investoren kam es im Norden am Fluss Irrawaddy, wo mit chinesischem Geld ein gigantischer Staudamm errichtet werden sollte. Gegen die Enteignungen protestierte die lokale Bevölkerung, die burmesische Polizei, ungeschult im Umgang mit Demonstranten, reagierte mit Gewalt. Nicht selten finden die Projekte in von ethnischen Minderheiten bewohnten Gebieten statt, deren Autonomiebestrebungen seit Jahrzehnten von der Zentralregierung mit Gewalt unterdrückt worden sind.

Wohlstand in Form von Arbeitsplätzen kommt bei der regionalen Bevölkerung nicht an. Die Chinesen lassen auch kein Geld in Restaurants oder nehmen lokale Serviceleistungen in Anspruch. »Von den Chinesen sehen und hören wir nichts«, erzählt der Bauer Thun, der sich um die Belange der enteigneten Dorfbewohner kümmert. »Die leben wie in ihrer eigenen Stadt. Die Wohnquartiere der chinesischen Minenarbeiter sind mit Mauern und Stacheldraht umgeben. Bewaffnete bewachen die Ein- und Ausgänge. Die Chinesen bringen ihre eigenen Restaurants, Waschsalons und Ärzte mit. Das verdiente Geld überweisen sie direkt in ihre Heimat.«

Thun ist noch ein Hektar Land geblieben. Das Monatseinkommen der Familie hat sich auf 170 Dollar halbiert. Zwei magere Kühe und ein paar Hühner laufen über den staubigen Boden seines kleinen Hofs. Die Großfamilie mit seiner Schwester, seinen Eltern und den sechs Kindern schläft in drei Räumen des aus Bambus und Bast zusammengezimmerten Hauses. Es gibt weder einen Fernseher noch einen Kühlschrank. Thun hat eine tennisballgroße Schwellung am Hals, ein gutartiger Tumor, wie er sagt. Er will ihn operieren lassen. Sobald er etwas Geld hat.

Vielleicht erkannte die Regierung von Myanmar Ende 2011, dass die chinesischen Investitionen mehr Nachteile als Vorteile mit sich bringen. Zum Entsetzen der Chinesen legte sie ein Staudammprojekt nördlich von Myanmar auf Eis.

Zeitgleich leitete die Militärregierung die Öffnung nach Westen ein. 2012 fanden erstmals Wahlen statt, bei denen auch die Friedensnobelpreisträgerin Aung San Suu Kyi mit ihrer Partei Nationale Liga für Demokratie (NLD) antreten durfte. Handelsbeschränkungen fielen, Sektoren wie Transport, Tourismus und Telekommunikation wurden liberalisiert.

Mit der Öffnung strömten plötzlich japanische, amerikanische und in geringerem Maße auch europäische Investitionen ins Land. Die Euphorie war groß, Wirtschaftsdelegationen bereisten Myanmar. Das Beratungsunternehmen McKinsey prophezeite 2013 eine Vervierfachung der Wirtschaft bis zum Jahr 2030. Die ausländischen Direktinvestitionen sprangen von 900 Millionen Dollar 2010 auf 2,5 Milliarden ein Jahr später. Doch die schlechte Infrastruktur und die instabile politische Lage schreckt viele Konzerne ab, und mittlerweile ist das Land wieder ähnlich verschlossen wie vor der Öffnungspolitik.

2015 war oft zu hören, dass die chinesischen Unternehmen noch am Anfang ihrer Entwicklung steckten, dass ihnen die »Soft Power« fehle. Doch langsam griffen auch bei ihnen Konzepte wie »Corporate Public Responsibility«, die Verantwortung für Gesellschaft und Umwelt. Doch Recherchen aus jüngerer Vergangenheit in Ländern wie Laos zeigen, dass sich an dem Vorgehen nichts geändert hat. Chinesische Staatsunternehmen landen wie Raumschiffe in fremden Ländern, bringen ihre eigenen Arbeiter und ihre Infrastruktur mit. Bei der lokalen Bevölkerung bleibt so gut wie nichts hängen – außer Umweltschäden und der Zerstörung des Lebensraums.

Es wäre ein Leichtes gewesen, die Fischer und Reisbauern des Dorfes auf Ma De und die Bauern nahe der Mine für sich zu gewinnen: mit Arbeitsplätzen, einer Schule und großzügigen Entschädigungen. Immerhin: Zumindest laut chinesischen Medien sollen die meisten Arbeiter der Letpadaung-Mine Einheimische sein. Die Probleme hinsichtlich Bezahlung und Arbeitsbedingungen aber bleiben: Auch 2021 kam es wieder zu Streiks und Protesten bei der Mine. Keine andere Gruppe von Ausländern ist in Myanmar laut Umfragen heute so unbeliebt wie die Chinesen.

Doch die Militärjunta kümmert das wenig. Myanmar zählt seit Jahrzehnten zu den engeren Verbündeten Pekings. Als um das Jahr 2018 Länder wie Malaysia und Pakistan chinesische Megaprojekte absagten, stand Myanmar weiter fest zur Errichtung eines »China-Myanmar Economic Corridor« (CMEC). Nochmals zwei Milliarden will Peking via Kredit in Myanmar investieren. Der beinhaltet die Errichtung von mehreren Wirtschaftszonen entlang der Pipelines, wo chinesische Unternehmen ihre Produkte absetzen können. 1,5 Milliarden will Peking außerdem in die »New Yangon City« investieren, ein Urbanisierungsprojekt für die größte Stadt des Landes.

All das könnte gut für die 55 Millionen Burmesen sein, würde das Geld mit Bedacht und nicht an den Menschen vorbei investiert. Aber gerade hier zeigt sich die Kombination von autoritären und korrupten Machthabern mit chinesischen »Raumschiffinvestitionen« von ihrer hässlichsten Seite.

Luang Prabang
Vang Vieng
Vientiane
LAOS

12.

VOR ORT IN LAOS: SCHLEICHENDE ÜBERNAHME

»Die Zugstrecke macht aus einem geografisch
benachteiligten Land
einen regionalen Knotenpunkt.«
VALY VETSAPHONG, LAOTISCHE HANDELSKAMMER

»Sie haben eine andere Mentalität als wir«, sagt ein Hotelbesitzer in Vang Vieng, der anonym bleiben möchte. »Wir Laoten fragen erst, bevor wir irgendwo hineingehen. Die Chinesen marschieren einfach los. Aber nun ja, wir werden uns schon aneinander gewöhnen.« Er erzählt, dass der kleine Ort zum chinesischen Neujahrsfest vor der Pandemie völlig überlaufen gewesen sei, es habe weder Hotelzimmer noch Bier gegeben. Und das sei noch vor Eröffnung der neuen Bahnstrecke gewesen. »Wenn China wieder öffnet, werden es viel mehr werden«, sagt er und lächelt das unergründliche Laoten-Lächeln.

Vang Vieng ist ein Dorf in einem kleinen, dünn besiedelten Land. Laos hat sieben Millionen Einwohner und ist so groß wie Westdeutschland. Der Ort, in dessen Zentrum nur wenige Tausend Menschen leben, ist seit den 1990er Jahren bei Backpackern aus der ganzen Welt beliebt, die dort Bier trinken, Drogen konsumieren und sich auf Gummireifen den Fluss Nam Song hinuntertreiben lassen. Am Ufer sprossen damals Bars wie Pilze aus dem Boden, und Pilze waren es auch, die das Partyvolk aus aller Welt dort bevorzugt kaufte. Die Einheimischen errichteten waghalsige Konstruktionen am Fluss, von denen Touristen im Magic-Mushroom-Rausch ins Wasser sprangen. 2011 sollen dabei 27 Backpacker den Tod gefunden haben. Sie ertranken oder brachen sich beim Sprung ins Wasser das Genick. Nachdem die Story ihren Weg durch internationale Medien gefunden hatte, reagierten die Behörden schließlich, um den Ruf von Vang Vieng zu retten. Die meisten der Bars direkt am Fluss wurden geschlossen. An der Beliebtheit des Ortes änderte das kaum etwas.

170.000 junge Backpacker aus aller Herren Länder sollen vor der Pandemie jährlich Zwischenstopp in dem beschaulichen Ort gemacht haben. Dorthin zu gelangen, war allerdings nicht leicht. Weil man zunächst von der Hauptstadt Vientiane mehrere Stunden in einem Pickup oder Minibus über Buckelpisten kriechen musste, taten sich meist nur junge Backpacker die beschwerliche Reise an. Vang Vieng konzentrierte sich deswegen auf diese weniger zahlungskräftigen Kunden, während das weiter nördlich gelegene Luang Prabang einen Flughafen hatte und wohlhabende Touristen anlocken konnte. Den Charme des Ortes machen seine malerischen Reisfelder aus, die scharf aufragenden Karst-Berge, ein klares Flüsschen und zahlreiche Höhlen. Vor allem aber besteht der Reiz darin, dass der Ort seine Ursprünglichkeit bewahrt hat. Es gibt hier keine Bettenburgen, die um Urlaubermassen buhlen würden. Vang Vieng rangierte in den vergangenen 20 Jahren irgendwo zwischen Geheimtipp und Backpacker-Paradies für den fortgeschrittenen Südostasien-Reisenden.

Doch das dürfte sich bald ändern. Denn die Buckelpistenzeiten sind vorbei. Der beschwerlichste Teil der Anreise aus der laotischen Hauptstadt Vientiane ist seit Dezember 2021 die halbstündige Taxifahrt vom Bahnhof zum Hotel. Der Hauptbahnhof der Laos-China-Railway liegt 30 Kilometer außerhalb des Stadtzentrums. Die Szenerie erinnert an jenen seltsam überdimensionierten China-Bahnhof in der kenianischen Steppe, von dem bereits die Rede war. Auch hier begegnet man der megalomanen Architektur, die so vieles der chinesischen Infrastruktur kennzeichnet: Riesige Schriftzeichen prangen an der Frontseite des Bahnhofs, davor dehnt sich ein Parkplatz so groß wie zwei Fußballfelder in die Länge. Im Inneren befindet sich eine Halle, die zwar Platz für mehrere Tausend Menschen schafft, der aber jede Art der Gemütlichkeit fehlt. Ein Megafon in Dauerschleife ruft die Passagiere zum Einsteigen auf, und alsbald reihen sich Hunderte von Menschen mit ihrem Gepäck auf, während zwei Mitarbeiter in adretten Kostümen die QR-Codes der Tickets scannen. Die Fahrt von der Hauptstadt nach Vang Vieng dauert knapp 50 Minuten.

Ein »chinesisches Infrastrukturprojekt, das zufällig in

einem anderen Land steht«, nannte Scott Morris, Analyst beim Center for Global Development in Washington, die Laos-China-Railway einmal. Auf 417 Kilometern durchschneidet sie das Land, einmal längs von Nord nach Süd. Sie beginnt an der laotisch-chinesischen Grenze in Boten und endet in Vientiane, der Hauptstadt des Landes am Mekong, der an dieser Stelle die Grenze zu Thailand markiert. Die Strecke ist beeindruckend: 198 Kilometer führen durch Tunnel, 61 über Brücken. Die Reisezeit von der Hauptstadt zur chinesischen Grenze verkürzt sich von über 16 auf vier Stunden.

2015 begann der Bau der Zugstrecke. Als sie im Dezember 2021 eröffnet wurde, segneten buddhistische Mönche die Eisenbahn. Sie besprenkelten die chinesischen Bullet-Trains, wie die Züge aufgrund ihrer Geschwindigkeit genannt werden, mit geweihtem Wasser. Deng Xijun, Chinas Repräsentant bei der ASEAN-Gruppe, twitterte, die Eisenbahn vereine die Belt-and-Road-Initiative mit Laos' lang gehegtem Wunsch nach einer besseren Anbindung an die Welt. Ins selbe Horn blies Valy Vetsaphong, Vize-Präsident der laotischen Handelskammer: Die Zugstrecke mache aus »einem geografisch benachteiligten Land einen regionalen Knotenpunkt«.

Von Vang Vieng dauerte die Reise in die alte Königstadt Luang Prabang früher mindestens sechs Stunden, und nicht selten kam der Pickup-Truck, auf dessen Ladefläche die meisten Touristen die Fahrt zurücklegten, nur im Schritttempo voran. Die Piste war von Schlaglöchern übersät, in denen die Autos während der Regenzeit nicht selten stecken blieben. Heute legt der Schnellzug die Strecke in weniger als einer Stunde zurück.

Der Mount Phousi ist ein Tempelberg in Luang Prabang. Von dort aus hat man einen atemberaubenden Blick auf den Mekong, die Berge und die Reisterrassen, die sich geometrisch über die Hänge ziehen. Im Dezember 2022 ist es still und beschaulich dort, und immer wieder erzählen Reisende von transformativen, spirituellen Erfahrungen, die sie dort oben gemacht hätten. Am Fuße des Berges verkaufen Einheimische Vögel in kleinen Käfigen, die man während des Aufstiegs befreien soll. Besucher lässt das etwas ratlos zurück. Ist es für das Karma des Universums nun besser, den Vogel zu kaufen und freizulassen, oder sollte man das zynische Angebot ignorieren, damit nicht noch mehr Vögel gefangen und an Touristen verkauft werden?

Noch Anfang 2020 war der Hügel voll mit lärmenden Besuchern aus China. Sie waren meist in Gruppen unterwegs, und ihre Hauptbeschäftigung bestand darin, Selfies zu machen und sich lautstark mit ihren Mitreisenden zu unterhalten. Manche schauten sich lieber chinesische Soaps auf dem Handy an, als sich mit der Umgebung zu beschäftigen. Laos ist in China beliebt und wird als Touristenziel angepriesen. Ein Ziel beim Bau der Zugstrecke war es, noch mehr Touristen aus der chinesischen Nachbarprovinz Yunnan nach Laos zu holen. Über die Veränderungen, die der Tourismus in den betroffenen Ländern nach sich zieht, lässt sich lange diskutieren. Tatsache aber ist, dass die Gäste die heimische Wirtschaft ankurbeln und Devisen ins Land bringen.

Khattaphone Phommapagna ist stellvertretender Vorsitzender der Handelskammer in Luang Prabang. Der Mittvierziger spricht relativ offen über die Probleme der Zugstrecke und der chinesischen Investitionen. Seit rund fünf Jahren sei es möglich, vorsichtige Kritik an der Regierung zu äußern, was die Laoten bis dahin nur hinter vorgehaltener Hand gewagt hätten. Es ist Ende Dezember 2022, China hat gerade die Zero-Covid-Politik beendet. Noch aber sind die Grenzen geschlossen und keine chinesischen Touristen in Laos. Sobald die Grenzen öffnen, rechnet Phommapagna mit einem Ansturm. Er macht sich Sorgen über die Effekte, die der Massentourismus auf die kleine ehemalige Königstadt haben wird, die immerhin das spirituelle Zentrum des Landes ist.

»Wir rechnen mit mindestens 10.000 Touristen aus China im Monat. Das ist für uns eine große Herausforderung. Viele dieser Leute haben wenig Interesse und Respekt vor unserer Kultur. Wir müssen es irgendwie schaffen, den Charakter unserer Stadt zu bewahren. Das Problem ist auch, dass chinesische Touristen meist in einer Gruppe reisen, in chinesischen Hotels übernachten und in chinesischen Restaurants essen. Für die einheimische Bevölkerung fällt da nicht viel ab. Im Gegenteil: Sie verliert ihre eigene Kultur.« Ähnlich sieht es ein französischer Restaurantbesitzer. »Wir wissen noch gar nicht, was auf uns zukommt. Sobald China seine Grenzen wieder öffnet, wird sich unsere Stadt von Grund auf verändern.«

Der Massentourismus, so viel scheint sicher, wird das Land nachhaltig verändern. Bei allen negativen Begleiterscheinungen wird er aber für viele der sieben Millionen Laoten auch Positives bewirken. Die Weltbank geht davon aus, dass das Projekt langfristig das Lohnniveau in Laos um 21 Prozent anhebt.

Nur ist eben auch klar: Der Zug wurde nicht primär für Laos gebaut, sondern für Chinesen. Er dient dazu, das Land für China zu erschließen. Das zeigen schon die Orte, an denen die 21 Stationen gebaut wurden. Wäre es das Ziel gewesen, lokale Bauern besser an Märkte anzubinden, hätte ein viel engmaschigeres Netz entstehen müssen. Noch deutlicher werden die Zusammenhänge, wenn man das Projekt in einem größeren Rahmen betrachtet. Denn die Strecke durch das nördliche Laos steht nicht für sich allein, sondern ist Teil eines größeren Plans. Ziel ist es, das rund 2000 Kilometer südlich gelegene Singapur mit der Volksrepublik zu verbinden. Dazu soll die Zugstrecke durch Thailand und Malaysia Richtung Süden verlängert werden. Die Regierung in Bangkok verweigerte sich dem Projekt zunächst aus Kostengründen, soll aber 2022 schließlich doch grünes Licht gegeben haben.

Die Planer in Peking denken aber bereits weiter. Die Kunming-Vientiane-Bangkok-Singapur-Strecke wäre nur der mittlere Strang eines »panasiatischen Eisenbahn-Netzwerks«. Vom chinesischen Kunming aus soll eine weitere Strecke zunächst Richtung Osten durch Myanmar führen und südlich von Bangkok wieder auf die mittlere Singapur-Route treffen. Eine dritte, westliche Strecke verliefe gemäß den Plänen weiter westlich durch Vietnam und Kambodscha. Bis dato aber konnten diese Strecken aufgrund von Widerstand der Regierungen in Vietnam und Myanmar noch nicht weiterverfolgt werden.

Ziel ist es, die Länder Südostasiens enger an den großen Nachbarn im Norden zu binden. Es geht um Absatzmärkte für chinesische Waren in Staaten, die bisher noch eher von der japanischen Exportwirtschaft geprägt sind, und es geht um eine Umgehung der Straße von Malakka, wie auch der Bau der Pipeline nach Kyaukphyu (Kapitel 11).

Das kleine Laos mit seinen sieben Millionen Einwohnern ist davon am stärksten betroffen, weil es das schwächste Glied in der Kette ist. Das Land droht zu einer chinesischen Provinz zu werden, ohne viel dagegen tun zu können. Das wird besonders deutlich, wenn man einen Blick auf die Finanzierung des Projekts wirft. Für den Bau der Strecke wurde ein chinesisch-laotisches Joint Venture gegründet, die Lao China Railway Company (LCRC), an dem die laotische Seite über die Lao National Railway State Enterprise 30 Prozent hält. Die übrigen 70 Prozent liegen bei diversen chinesischen Staatsunternehmen, an deren Spitze die China State Railway Group Company Limited (CR) steht. Das Joint Venture LCRC finanziert sich über die chinesische Exim Bank, die 60 Prozent des Kapitals stellt. Insgesamt musste Vientiane bei der Exim Bank einen Kredit von 1,06 Milliarden US-Dollar aufnehmen und als Kapital nochmals 700 Millionen US-Dollar beisteuern, von denen man sich einen Teil ebenfalls bei der Exim Bank lieh. Insgesamt also liegen die Schulden, die Laos für das Projekt aufnehmen musste, bei rund 1,5 Milliarden US-Dollar.

Ähnlich wie in vielen anderen Schwellen- und Entwicklungsländern hat sich die finanzielle Situation für Laos durch die Pandemie und den damit verbundenen Einbruch des Tourismus stark verschlechtert. Das Bruttosozialprodukt wächst seit 2020 nicht mehr mit sechs, sieben oder acht Prozent wie im Jahrzehnt zuvor, sondern nur noch mit 0,5 Prozent. Für 2022 wurde ebenfalls nur ein leichtes Wachstum prognostiziert. Die Währung ist im Vergleich zum US-Dollar um 60 Prozent eingebrochen, die Inflation lag 2020 bei rund 30 Prozent. Im Jahr darauf blieben ausländische Besucher, eine der wichtigsten Devisenquellen des Landes, aufgrund der Lockdowns fast vollständig aus. Und auch 2022 lief der Tourismus nur schleppend an.

Die Verschuldung im Vergleich zur Wirtschaftsleistung dürfte 2022 die 100-Prozent-Grenze überschritten haben. Vor allem aber: Rund zwei Drittel dieses Geldes schuldet Laos China. Und mittlerweile muss das Land fast die Hälfte seines Budgets für Tilgung und Zinsen aufwenden. Die Zinslast übersteigt sogar die Ausgaben für Gesundheit und Bildung zusammen. Daher gilt Laos mittlerweile bei internationalen Institutionen nicht mehr als guter Schuldner – die Rating-Agentur Fitch stufte Laos im August 2022 mit der niedrigsten Note CCC- ein. Das wiederum bedeutet, dass es für das Binnenland kaum mehr möglich ist, sich woanders Geld zu beschaffen. Insofern lässt sich durchaus von einer Schuldenabhängigkeit sprechen.

Um das Geld für die Bahnstrecke zu bekommen, hat Laos als Sicherheiten Rohstoffvorkommen hinterlegt. Angeblich wurden sie bisher noch nicht angefasst. Doch das erscheint zweifelhaft: Nur einige Kilometer vom Bahnhof von Vang Vieng entfernt prangen chinesische Schriftzeichen über dem Tor einer Mine. Eine junge Frau, die Lebensmittel verkauft, erzählt, dass jeden Morgen und Abend chinesische Arbeiter sich hier mit Nahrung eindecken. Nicht weit davon stapeln sich Container mit der Aufschrift »China Railways«.

Während Ausländer in Laos kein Land erwerben dürfen, hat die Regierung für Chinesen entlang der Bahnstrecke eine Ausnahme gemacht. Außerdem ist es chinesischen Investoren mittlerweile erlaubt, in anderen Teilen des Landes Grundstücke für 99 Jahre zu pachten. Vor allem die Goldvorkommen des Landes dürften für Peking interessant sein. 2021 war Gold mit 13 Prozent nach Strom das wichtigste Exportgut des Landes und brachte rund eine Milliarde US-Dollar ein. Zudem gibt es Kohle-, Kupfer- und Edelstein-Vorkommen, von denen die allermeisten noch nicht ausgebeutet sein dürften. Allein im Pandemie-Jahr sollen chinesische Unternehmen 2,5 Milliarden US-Dollar in Laos investiert haben, das meiste davon im Bergbau.

»Das zweite, größere Problem ist der Raubbau an den Bodenschätzen«, sagt Phommapagna von der Handelskammer in Luang Prabang. »Laos hat große Vorkommen an Gold, Silber, Kupfer, eigentlich allem. Jetzt kommen chinesische Minen-Unternehmen und bauen diese ab. Sie bringen ihre eigenen Arbeiter mit, richten Umweltschäden an und verschwinden dann wieder. Für die Laoten bleibt nichts übrig.«

Auch auf anderen Gebieten begibt sich das Land tiefer in die Abhängigkeit von China. Im September 2020 übergab Laos die Kontrolle seines Stromnetzes an ein chinesisches Staatsunternehmen, nachdem es in erste Zahlungsschwierigkeiten geraten war. Laos könne, wenn es nach den Wünschen des Regimes in Peking geht, zu so etwas wie der »Batterie Chinas« werden. Überall in Laos werden derzeit Staudämme und Wasserkraftwerke am Mekong errichtet, deren Strom dann nach China, aber auch in andere Anrainerstaaten verkauft werden kann. Schon 2018 hatte die staatliche Firma Electricité de Laos (EDL) mit dem Konzern China Southern Power Grid einen Vertrag geschlossen, der vorsah, dass dieser das Netz weiter ausbaut. Die Dämme verärgern allerdings die Mekong-Anrainer flussabwärts in Thailand, Vietnam und Kambodscha, da sie zu sinkenden Wasserständen führen. Die Probleme sind so groß, dass bereits damit gedroht wurde, künftig keinen Strom mehr aus Laos zu kaufen.

Kaum gesprochen wird zudem über die ökologischen Folgen, die der Bau verursacht. Ähnliche Umweltschäden durch Autobahnen oder Zugstrecken wurden auch in Westeuropa hundertfach begangen – nur eben hundert Jahre früher. Jegliche Entwicklung hat ihren Preis, insofern gilt es, sowohl bei der Berichterstattung als auch bei der Bewertung beim Bau solcher Projekte zumindest Zielkonflikte im Auge zu behalten. Eine 400 Kilometer lange Zugstrecke durch Urwald und Karstgebirge kann nicht ohne einen starken Eingriff in die Natur stattfinden. Nichtsdestotrotz scheinen Umweltaspekte beim Bau der Laos-China-Railway überhaupt keine Rolle gespielt zu haben.

So wurden in Vang Vieng wiederholt Chemikalien in die Nebenflüsse des Nam Song geleitet. Als wenn das nicht schon schlimm genug wäre, hielt man es nicht für notwendig, die Fischer, Bauern, Hotel- und Restaurantbesitzer darüber zu informieren. Als es zu einem Fischsterben kam und sich die Bevölkerung beim Bezirksamt beschwerte, wurde ihr Anliegen ignoriert. Daraus lässt sich nur erahnen, welche Umweltschäden der Bau entlang der 400 Kilometer langen Strecke in dem dünn besiedelten Gebiet sonst noch angerichtet hat. Zudem dürfte der Zugriff Chinas auf die laotischen Bodenschätze noch weitaus mehr Gebiet beeinträchtigen.

Auch zu Zwangsumsiedlungen soll es gekommen sein. Insgesamt dürften rund 4400 Haushalte auf 3800 Hektar betroffen gewesen sein. Viele klagten darüber, dass sie zu spät, unzureichend oder gar nicht über die Umsiedlungen informiert worden seien. Und manche der Familien warten noch immer auf ihre von der Regierung zugesagte Entschädigung. Das Problem aber seien vor allem Korruption und die Allmacht von Partei und Militär, die jede Investition billigen müssen und stets einen Teil davon für sich abzwackten.

»Man muss sehr vorsichtig sein«, sagt Nong, die ihren echten Namen nicht nennen will. Sie arbeitet in einem Hostel in Vang Vieng. »Man will hier niemanden, der Fragen stellt, und die Partei hat ein Interesse daran, die Leute dumm zu halten.« Sie selbst sieht die Zugstrecke zwiespältig, auch wenn sie ihr Geld mit Touristen verdient. »Sobald China die Grenzen öffnet, werden so viele Chinesen hierherkommen. Für viele Locals ist das natürlich gut, weil sie mehr Geld verdienen. Es gibt aber kaum ein Bewusstsein dafür, dass man Kultur und Identität dabei verliert.«

Nicht weit vom Bahnhof endet auch eine Autobahn. Die Schnellstraße, die die Hauptstadt mit Vang Vieng verbindet, soll parallel zur Zugstrecke ausgebaut werden. Auch deren Betreiberfirma ist chinesisch, Peking hält 95 Prozent an der Autobahn. Nong erzählt, dass das Unternehmen zunächst die Maut in chinesischen Yuan kassieren wollte, es aber dann doch zu viel Widerstand der laotischen Regierung gegeben habe. Wer die Schnellstraße benutzt, bezahlt deswegen in laotischen Kip. Kritik an der Autobahn gibt es wenig – dafür aber viele Geschichten darüber, dass man für die Strecke früher mindestens vier Stunden brauchte und heute nur noch eine.

Das Beispiel zeigt, wohin die Reise für Laos geht. Das Land hat mit sieben Millionen Einwohnern nur ein Viertel so viel wie Shanghai. Die Infrastruktur ist kaum vorhanden. Sollte Laos in Zahlungsschwierigkeiten kommen, was über kurz oder lang für mehr als wahrscheinlich gilt, dürften weitere Bereiche des Landes unter chinesische Kontrolle kommen. Der Unterschied zur nördlichen chinesischen Nachbarprovinz Yunnan, die in Geografie, Natur und Kultur Laos ähnelt, dürfte geringer werden. Und die Frage, ob Laos dann formell noch ein unabhängiger Staat ist, wird sich eines Tages vielleicht nicht mehr stellen.

Auf der anderen Seite hätte Laos niemals andere Investoren für ein solch großes Projekt gefunden. Schon vor den chinesischen Krediten war das internationale Kreditrating des Landes schlecht. Die Infrastrukturprojekte in Form der Zugstrecke und der Autobahn wären ohne chinesische Hilfe nicht gebaut worden. Vielleicht ist Laos damit eines der besten und drastischsten Beispiele der Strategie der Neuen Seidenstraße: Das investierte Geld scheint nicht in den Sand gesetzt, sondern in sinnvolle Projekte gesteckt worden zu sein. Auch wenn es dabei zu sozialen und ökologischen Problemen kam, dürfte die Zugstrecke für das kleine Land unter dem Strich positiv sein und Tourismus und Wirtschaftswachstum fördern. Doch de facto ist Laos auf dem Weg, eine chinesische Provinz zu werden, wie sich auf den zweiten oder dritten Blick zeigt. Dabei spielen Faktoren eine Rolle, die auch für andere Empfängerländer entlang der Seidenstraße gelten: Laos ist so klein und liegt so dicht am übermächtigen Nachbarn China, dass Kultur, Wirtschaft und Gesellschaft fast zwangsläufig immer stärker unter dessen Einfluss geraten. Es droht eine schleichende Übernahme des Landes.

13.

DIE DIGITALE SEIDENSTRASSE

»Auf jeden Fall war es strafbar, einen unangemessenen Gesichtsausdruck zu zeigen (zum Beispiel ungläubig zu schauen, wenn ein Sieg verkündet wurde). Im Neusprech gab es sogar ein Wort dafür: Gesichtsverbrechen wurde es genannt.«

GEORGE ORWELL,
ENGLISCHER SCHRIFTSTELLER IN »1984«

28 Diplomaten aus 26 Ländern haben sich an diesem Montag im März 2021 vor dem Gerichtsgebäude in Peking versammelt, in dem der Prozess gegen Michael Kovrig stattfindet. Sie wollen ihre Solidarität mit dem Kanadier und ihren Protest gegen seine Haftbedingungen zum Ausdruck bringen. Doch Sicherheitskräfte hindern die Diplomaten daran, das Gebäude zu betreten. Sie müssen draußen warten.

Kovrig arbeitete zum Zeitpunkt seiner Verhaftung für die renommierte Denkfabrik International Crisis Group in Peking. Zuvor war er als Diplomat für die kanadische

Regierung tätig. Seit Dezember 2018 saß er in einem chinesischen Gefängnis und hatte so gut wie keinen Kontakt zur Außenwelt. Er wurde in Isolationshaft gehalten. Als ihn im Herbst 2020 kanadische Diplomaten besuchten, soll Kovrig erstaunt darüber gewesen sein, dass sich die Welt in einer Pandemie befand.

Ungefähr zur selben Zeit wie Kovrig wurde ein zweiter Kanadier in China festgenommen. Michael Spavor inhaftierten die Behörden in Datong nahe der nordkoreanischen Grenze. Er hatte Unternehmerreisen nach Nordkorea organisiert. Eine ungewöhnliche und nicht ganz ungefährliche Tätigkeit, die aber jahrelang zu keinen Beanstandungen seitens der Chinesen geführt hatte. Nun also saßen »zwei kanadische Michaels« in chinesischer Isolationshaft. Die Nichtregierungsorganisation Human Rights Watch zeigte sich besorgt: »Chinas Führung ist bereit, unschuldige Menschen als Faustpfand zu nehmen, um sich in anderen Staaten das zu holen, was sie will«, sagte Sophie Richardson, die China-Direktorin der Organisation. »Das ist eine beunruhigende Entwicklung.«

Was war geschehen? Warum wurden ausgerechnet diese beiden Männer nahezu zeitgleich verhaftet, und inwiefern dienten sie als »Faustpfand«? Der Thriller dieser globalen Geiseldiplomatie spielte sich in Peking, im kanadischen Vancouver und im iranischen Teheran ab.

Auch wenn Peking es zunächst abstritt – die Verhaftung von Kovrig und Spavor war eine Vergeltungsaktion. Denn nur wenige Wochen zuvor, am 1. Dezember 2018, wurde in Vancouver auf Geheiß der USA die chinesische Managerin Meng Wanzhou festgenommen, die ihre Auslieferung forderten. Dazu kam es zwar nicht, aber Meng wurde in Kanada festgesetzt. Im Gegensatz zu den kanadischen Geschäftsmännern war ihre Haft recht komfortabel. Sie konnte sich mit einer Fußfessel relativ frei in Vancouver bewegen. Mehrfach soll sie in den kommenden Monaten beim Luxus-Shopping gesehen worden sein.

Der Vorwurf: Die Finanzchefin des chinesischen Konzerns Huawei soll die US-Sanktionen gegen den Iran gebrochen haben. Genauer gesagt: Ein iranisches Partnerunternehmen Huaweis soll amerikanische Waren in das Land gebracht haben. Der Betrag, um den es ging, war lächerlich klein. Die chinesische Firma Skycom soll Produkte von Hewlett Packard im Wert von 1,3 Millionen Euro in das Land geliefert haben.

Doch Huawei ist für den amerikanischen Geheimdienst schon seit Jahren ein rotes Tuch. Um die Lieferungen in den Iran geht es bei der Verhaftung Meng Wanzhous nur vordergründig. Dahinter tobt ein Wettkampf um die digitale Infrastruktur des 21. Jahrhunderts.

Die zum Zeitpunkt ihrer Verhaftung 46-jährige Meng Wanzhou ist nicht irgendeine Finanzchefin irgendeines chinesischen Konzerns. Als Tochter von Ren Zhengfei gehört sie zur »roten Elite«, dem engsten chinesischen Machtzirkel. Ren ist Gründer des Konzerns Huawei, eines hybriden Unternehmens, das sich nach außen gern als privater Tech-Konzern gibt, als fernöstliches Gegenstück zu Microsoft oder Cisco. Ren arbeitete zuvor in einer IT-Abteilung der Volksbefreiungsarmee. Den Konzern gründete er 1987 angeblich mit einem Startkapital von 21.000 Yuan, rund 7000 Euro.

Heute gilt Huawei als einer der größten und wichtigsten Konzerne weltweit. Das Unternehmen mit einem Jahresumsatz von 100 Milliarden Dollar baut weltweit die digitale Infrastruktur für das 21. Jahrhundert. Immer wieder warnten amerikanische Geheimdienste in den vergangenen Jahren vor »Backdoors«, also Hintertüren, die Huawei in seine Systeme einbaue. Darüber könne der Konzern an sensible Daten gelangen, die über seine Infrastruktur transportiert werden. Da Huawei nach wie vor beste Verbindungen zur chinesischen Armee besitze, würden diese Daten auch in die Hände des chinesischen Regimes fallen. Huawei bestreitet die Vorwürfe.

Zahlreiche Staaten schlossen auf Druck der USA Huawei vom Ausbau der Breitbandnetze aus, darunter fast der gesamte westliche Block von Japan über Taiwan und Australien bis Großbritannien. Deutschland allerdings hat sich einem solchen Pauschalboykott bisher verwehrt.

Der Ausschluss aus einigen westlichen Ländern war für Huawei schmerzhaft, allerdings wächst der Konzern umso mehr in den Staaten des Globalen Südens.

Mit der Made-in-China-2025-Strategie – auch dies eine hochtrabende Wortschöpfung für eine inhaltsarme Kampagne – will Peking seine Wirtschaft modernisieren und digitalisieren. Das Programm wurde 2015 gestartet und sieht einen Ausbau der digitalen Plattformen vor. Es betrifft sowohl die digitale Infrastruktur von staatsnahen

Konzernen wie Huawei und ZTE als auch digitale Bestell- und Zahlungsvorgänge, die die halbstaatlichen Tech-Unternehmen Alibaba und Tencent stellen. Xi Jinping hat das Ziel ausgegeben, China zur »Cyber-Supermacht« zu machen und den Empfängerländern entlang der Neuen Seidenstraße dabei zu helfen, ihre Digitalisierung voranzutreiben.

Huawei war mit einem Marktanteil von 28 Prozent bereits 2018 Weltmarktführer beim Ausbau der globalen 5G-Netze. In den vergangenen Jahren ist der Anteil zwar leicht zurückgegangen, aber der chinesische Konzern bleibt unangefochten Nummer eins. ZTE folgt auf Platz vier mit zehn Prozent.

Laut einer Studie der Unternehmensberatung STM aus dem Jahr 2018 stieg das chinesische Volumen aller Unterseekabelprojekte von sieben Prozent zwischen 2012 und 2015 auf 20 Prozent zwischen 2016 und 2019. Das Mercator Institut für China Studien in Berlin geht davon aus, dass zwischen 2013 und 2023 mehr als 17 Milliarden US-Dollar in den Ausbau der »Digitalen Seidenstraße« geflossen sind. Sieben Milliarden wurden in Glasfaser- und andere Telekommunikationsnetze investiert. So verbindet zum Beispiel das South Atlantic Inter Link (SAIL) die Datenströme zwischen Kamerun und Brasilien, nachdem ein chinesisch-kamerunisches Konsortium einen Kredit der Exim Bank dafür erhielt. Mit der Abkürzung PEACE soll für 425 Millionen US-Dollar eine Verbindung von China per Unterseekabel über Pakistan und Ägypten bis nach Marseille in Frankreich gelegt werden. »Entlang dieser Route sollen hauptsächlich chinesische Daten von Asien nach Ostafrika und Europa fließen«, heißt es in einem Bericht von Germany Trade & Invest. Weitere Unterseekabel von Pakistan entlang der afrikanischen Ostküste sind in Planung.

Zehn Milliarden flossen zudem in den Aufbau von E-Commerce und Bezahllösungen, mehrere Hundert Millionen in sogenannte Smart-City-Projekte.

Für viele Dissidenten und Menschenrechtler weltweit verheißt die Digitaloffensive nichts Gutes, denn China exportiert damit auch seine Überwachungstechnologie. In Äthiopien zum Beispiel hatte ZTE der Regierung ein System eingerichtet, mit dem sie Aktivisten und Journalisten überwachen konnte. Was oft grün und hip als »Smart City« daherkommt, ist nicht selten ein Euphemismus für Überwachung. So ist der Pkw-Verkehr in vielen chinesischen Städten bereits satellitenüberwacht – Kameras erkennen nicht nur Nummernschilder, sondern auch Gesichter der Fahrer automatisch und erstellen Bewegungsprofile. Die Technik wurde zum Beispiel 2018 an die serbische Hauptstadt Belgrad verkauft. Dort wurden mittlerweile über 1100 Kameras vom chinesischen Unternehmen Hikvision installiert.

Huawei ist auch an der digitalen Überwachungsinfrastruktur in den Lagern in Xinjiang beteiligt. Der Konzern hat unter anderem mit dem chinesischen Start-up Megvii zusammengearbeitet, um die Erkennung von uigurischen Gesichtern zu perfektionieren.

Wenig überraschend hilft die Huawei-Technik auch dem iranischen Mullah-Regime bei der Unterdrückung jeglicher Opposition. Bereits 2009 soll das Unternehmen mit seinen Kameras entscheidend geholfen haben, Demonstranten zu identifizieren. Angesichts der sich rapide entwickelnden Technik dürfte chinesische Überwachungstechnologie auch bei den Protesten Ende 2022 eine große Rolle gespielt haben. Südamerikanische Staaten wie Venezuela sind ebenfalls Kunden dieser Produkte, und auch im afrikanischen Simbabwe sind die in Xinjiang erprobten Gesichtserkennungskameras gefragt. Die Firma CloudWalk aus China erhielt den Auftrag für den Aufbau eines solchen Systems. Zuvor hatte das Unternehmen von der Stadt Guangzhou eine Förderung in Höhe von 300 Millionen US-Dollar bekommen. Die vorher auf uigurische Gesichter trainierten Algorithmen werden nun mit afrikanischen Gesichtern gefüttert. Dafür schickte Simbabwe biometrische Daten seiner Bürger an Server in China.

Mit solchen Aufträgen einher gehen oft Anpassungen der Gesetze an das chinesische Internetmodell. So stellte Tansania inspiriert von Peking das »Verbreiten von Gerüchten« unter Strafe. Was ein Gerücht und was Wahrheit ist, entscheidet natürlich die Regierung.

Auf der digitalen Seidenstraße dringen chinesische Unternehmen auf Märkte mit unterentwickelten Digitalstrukturen vor und setzen so Standards. In den ersten Jahren der Initiative konnte man die Entwicklung noch beschönigen, indem man betonte, in diesem Markt seien vor allem chinesische Privatunternehmen aktiv. Doch spätestens mit der Kaltstellung von Alibaba-Gründer Jack Ma dürfte klar sein, dass Peking die eigenen Tech-Giganten eng an die Leine genommen hat und für seine Zwecke nutzt. Die Nachfrage in Schwellenländern nach entsprechender Technologie ist groß. Die staatsnahen Konzerne Huawei und ZTE erhalten für den Ausbau der Netze oft Kredite zu verbilligten Konditionen und scheuen sich nicht, ihre Überwachungstechnologie auch an autoritäre Regimes zu verkaufen. So makaber es klingt, sind die von Menschenrechtlern angeprangerten Untaten in Xinjiang dabei kein Makel. Im Gegenteil: Sie helfen die Technologie zu bewerben.

Die Covid-19-Pandemie beschleunigte den Export von chinesischer Überwachungstechnologie noch. Die Apps auf dem Smartphone, die darüber Auskunft gaben, ob man sich in der Nähe eines Infizierten aufgehalten hatte, waren für manche der Stoff, aus dem dystopische Albträume sind. Aber auch im vorgeblich liberalen Westen blickten viele plötzlich fasziniert nach China – solang es nur um die Gesundheit ging, versteht sich. Gefragt waren auch Kameras von Hikvision, Dahua oder Uniview, die Alarm schlugen, wenn jemand keine Maske trug oder eine auffällig hohe Körpertemperatur hatte. All diese Unternehmen erprobten und entwickelten ihre Technologie ursprünglich in Xinjiang.

Doch selbst wenn es sich um Produkte jenseits von Überwachungstechnologie handelt, ist das Vorgehen Pekings auf der Digitalen Seidenstraße schwierig. Die Europäische Handelskammer beklagt auch hier eine Asymmetrie im Wettbewerb: Während internationale Konzerne bei der Digitalisierung in China kaum zum Zuge kämen, hätten chinesische Rivalen im Ausland oft leichtes Spiel.

Langfristig führt das zu einer Polarisierung der digitalen Welt. Wie die aussieht, kann man jetzt schon in China selbst beobachten. Wer als westlicher Besucher das Land betritt, ist mit seinen herkömmlichen Apps aufgeschmissen: Facebook, Instagram und Twitter sind in China ohne ein Virtual Private Network gar nicht aufrufbar (siehe Kapitel 10). WhatsApp läuft meist nur mit Störungen. Paypal und selbst westliche Kreditkarten wie Visa oder Mastercard funktionieren gar nicht. GoogleMaps liefert nur rudimentäre Daten, die Suchmaschine ist ohnehin gesperrt. Erst wer die chinesische App WeChat installiert, kann wieder am digitalen Leben teilnehmen. Die App gilt als »Schweizer Taschenmesser«, da sie so ziemlich alle Funktionen von Bezahlvorgängen über Kommunikationen und Suchanfragen bündelt. Dahinter steckt der Konzern Tencent, der wichtige Daten mit der Regierung teilt und den Zensurbehörden freie Hand lässt, regierungskritische Inhalte sofort zu löschen. Die chinesische Alternative zum amerikanischen Ortungssystem GPS nennt sich BeiDou, der Youtube-Konkurrent Youku und die chinesische Suchmaschine Baidu.

Dieses chinesische Internet ist in Südostasien, insbesondere in Indonesien, aber auch in Teilen Afrikas bereits verbreiteter als das westliche. Allein in Indonesien, dem nach China bevölkerungsreichsten Staat der Region, haben Alibaba und Tencent Milliarden in E-Commerce-Strukturen investiert und sind an zahlreichen Tech-Start-ups beteiligt.

Das Flaggschiff der chinesischen Cyber-Supermacht, Huawei, ist unterdessen weiter auf Kurs. Die Tochter des Konzerngründers Meng, ist längst wieder in China. Denn am Ende hat sich Peking mit seiner Geiseldiplomatie durchgesetzt. Im September 2021 wurde Meng auf freien Fuß gesetzt. Noch am selben Tag stieg sie in ein Flugzeug nach Shenzhen in Südchina. Dort wurde sie von einer Menschenmenge wie eine Heldin empfangen. Die Leute schwenkten rote Fahnen und sangen die Nationalhymne. Meng trat in einem roten Kleid vor die Menge und sagte: »Nach mehr als tausend Tagen Tortur bin ich in den Schoß des Vaterlands zurückgekehrt. Die lange Wartezeit in einem fremden Land war voller Kampf und Leid.«

Nur wenige Stunden nach Mengs Ankunft wurden die beiden Kanadier Michael Spavor und Michael Kovrig freigelassen. Möglich gemacht hatte das ein Deal zwischen der amerikanischen Staatsanwaltschaft und der Kommunistischen Partei Chinas, den die beiden Supermächte zuvor in Alaska ausgehandelt hatten.

14.

THE GREAT GAME III: KAMPF DEM US-DOLLAR

»Der US-Dollar ist unsere Währung,
aber euer Problem.«

US-STAATSSEKRETÄR JOHN CONNALLY 1971

Große geopolitische Umwälzungen geschehen nach Kriegen oder aber ganz langsam, Stück für Stück. Letzteres ist der Fall, wenn es um das Petrodollar-System im Allgemeinen und die Freundschaft zwischen China und Saudi-Arabien im Besonderen geht.

Im Dezember 2022 reiste der chinesische Präsident Xi Jinping nach Saudi-Arabien. Von einem »epochalen Meilenstein in der Geschichte der chinesisch-arabischen Beziehungen« schwärmte das chinesische Außenministerium. Xi Jinping selbst nannte Saudi-Arabien eine »wichtige Kraft im multipolaren System«. Dabei klangen die Pressemitteilungen zunächst nach einem üblichen BRI-Abkommen: China und Saudi-Arabien wollen in Zukunft enger zusammenarbeiten, eine Partnerschaft auf Augenhöhe.

Anders als beim Besuch von US-Präsident Joe Biden einige Wochen zuvor war die Stimmung in Riad gut. Hervorragend sogar könnte man sagen. Beide Staaten sind sich einig, wenn es zum Beispiel darum geht, sich nicht in »innere Angelegenheiten« des jeweiligen Partners einzumischen. Im Falle Chinas betrifft das die kaum fassbaren Menschenrechtsverletzungen an den moslemischen Uiguren. (In Kapitel 9 wurde bereits beschrieben, dass arabische Autokraten stets die Solidarität unter Muslimen beschwören, wenn es ihren Interessen dient. Fließt allerdings Geld aus Peking, ist die moslemische Welt von Islamabad bis Rabat ungewöhnlich still – auch die Hüter der Heiligen Stätten in Saudi-Arabien machen da keinen Unterschied.) Die Saudis selbst haben ein Interesse daran, dass niemand ihre absolute Monarchie infrage stellt oder den Umgang mit Dissidenten und Frauen kritisiert. An chinesischer Überwachungstechnologie sind sie ohnehin seit Langem interessiert. China möchte demnächst in der Golfregion und besonders in Saudi-Arabien investieren. Rund 50 Milliarden US-Dollar hat Peking zugesagt. Das Geld soll unter anderem in die Wüstenstadt Neom fließen, ein megalomanes Stadtprojekt an der Grenze zu Jordanien und Ägypten. Außerdem sollen mehrere Hundert Schulen in der Region bald die chinesische Schrift und Sprache unterrichten, um den Austausch zu fördern. Saudi-Arabien revanchiert sich: Die Ölkonzerne Aramco und Shandong Energy Group wollen künftig enger zusammenarbeiten. Aramco, eines der größten Unternehmen überhaupt, hat 2022 bereits Investitionen in Höhe von zehn Milliarden

Dollar in Chinas petrochemische Industrie zugesagt. Auch militärisch wollen das Königreich und die formal kommunistische Volksrepublik besser kooperieren.

Die eigentliche Nachricht aber steckt eher zwischen den Zeilen. China plant, für Öl aus Saudi-Arabien künftig zunehmend in chinesischen Yuan statt in US-Dollar zu bezahlen. Eigens dazu wurde bereits eine Energiebörse in Shanghai geschaffen.

Auch wenn es zunächst banal klingen mag – der Schritt wird weitreichende Konsequenzen für das globale Währungsgefüge haben. China ist mittlerweile der größte Importeur von saudischem Öl und der wichtigste Handelspartner des Wüstenstaats. Warum sollte also nicht mit chinesischen Yuan bezahlt werden?

Um die Tragweite solcher Abkommen zu erfassen, muss man etwas tiefer in das Währungsgefüge eintauchen. Stetig und hartnäckig arbeitet China daran, eine der Grundfesten der Nachkriegsordnung zu beseitigen: den Status des US-Dollars als globale Leitwährung. Während China die zweitgrößte Volkswirtschaft der Welt ist und fast ein Drittel aller Güter weltweit produziert, werden nur rund zwei Prozent des Welthandels in der chinesischen Währung abgewickelt. In den USA werden wesentlich weniger Güter produziert, trotzdem werden zwischen 60 und 80 Prozent des Welthandels in Dollar abgewickelt.

Der Vorgänger des Dollars als globale Leitwährung war das Britische Pfund, nach dem sich bis zum Ersten Weltkrieg alle anderen Währungen ausrichteten. Weil die Bank of England sich verpflichtet hatte, jede ausgegebene Banknote gegen eine bestimmte Menge physisches Gold zu tauschen, bezeichnete man diese Periode als Goldstandard. Um die gewaltigen Kosten des Ersten Weltkriegs zu finanzieren, beendeten alle kriegsführenden Parteien den Goldstandard – zunächst vorübergehend – und verschuldeten sich auf Kosten ihrer eigenen Bürger. Die Folgen spürten diese erst später: In Deutschland führte der Schritt Anfang der 1920er zur Weimarer Hyperinflation.

Spätestens Mitte der 1940er Jahre war den Alliierten klar, dass das Britische Pfund als Weltwährung ausgedient hatte. In den USA befanden sich zum einen die größten Goldreserven der Welt, zum anderen verfügte das Land über die größten Produktionskapazitäten. 1944 trafen sich im Ort Bretton Woods im US-Staat New Hampshire Finanzminister und Notenbankgouverneure der westlichen Welt und einigten sich auf ein System fester Wechselkurse. Die Unze Gold wurde mit einem fixen Preis von 35 Dollar versehen, und alle anderen Währungen wie der französische Franc und die deutsche Mark bekamen einen festen Kurs zum US-Dollar.

Dieses System funktionierte, solang die Handelsbilanzen der beteiligten Länder sich in etwa im Gleichgewicht befanden und keines darauf bestand, von seinem Recht Gebrauch zu machen, seine D-Mark oder Francs in Gold zu tauschen. Doch das änderte sich im Laufe der 1960er Jahre. Die USA begannen, mehr zu importieren als sie exportierten. In der Folge türmten sich Ungleichgewichte auf, auf die die USA mit einem Trick reagierten: Sie gaben mehr

Dollars aus, als sie an Goldreserven besaßen. Den Alliierten blieb das nicht verborgen. Charles de Gaulle schickte 1969 gar eine Fregatte über den Atlantik, um in den USA gebunkertes französisches Gold »heimzuholen«. Unter diesem Druck schloss Richard Nixon 1971 das »Goldfenster«. Das Umtauschrecht von US-Dollar gegen Gold werde vorübergehend ausgesetzt, verkündete er in einer Fernsehansprache. Doch dabei blieb es. Die Goldbindung wurde aufgegeben, und die USA können seitdem die Geldmenge nach Belieben erweitern beziehungsweise sich in der Welt verschulden. Ein »exorbitantes Privileg«, nannte der ehemalige französische Finanzminister und spätere Premier Giscard d'Estaing einmal den Status des US-Dollars als Leitwährung. (Das Zitat wird fälschlicherweise immer wieder Charles de Gaulle zugeschrieben.)

Das System funktioniert, weil an die Stelle des Goldstandards nach der Erdölkrise 1974 das Petrodollar-System trat, auf das sich die USA und Saudi-Arabien verständigt hatten. Es sah vor, dass die Saudis ihr Öl stets in Dollar handeln würden – und zwar nicht in Geschäften mit den USA, sondern mit jedem Handelspartner weltweit. Das bedeutet, dass auch Japan, Deutschland oder China ihr Öl in US-Dollar statt in Yen, Euro oder Yuan bezahlen. Rund 80 Prozent des weltweit verkauften Erdöls werden derzeit in US-Dollar bezahlt. Im Gegenzug erhielten die Saudis amerikanische Waffen und militärischen Schutz.

Für die USA hat das bis heute bestehende informelle Abkommen einen großen Vorteil: Die US-Dollar, die das Königreich für Öl erhielt, investierten die Saudis wiederum in amerikanische Staatsanleihen. (In letzter Zeit bekommt dieses System immer mehr Risse.) In gewisser Weise bekamen die USA ihre Energie sogar, wenn nicht ganz umsonst, so doch stark verbilligt. Denn US-Dollar ließen sich ja zur Not beliebig drucken. Das Petrodollar-System wurde in den kommenden Jahren auf andere Staaten ausgedehnt. Wer daraus ausscheren wollte, wie der libysche Diktator Muammar al-Gaddafi oder der irakische Autokrat Saddam Hussein, lief prinzipiell Gefahr, Ärger mit Washington zu bekommen.

Da Erdöl und Gas von nahezu jedem Staat auf der Welt benötigt werden, braucht jedes Land konstant US-Dollar, um diesen Handel abwickeln zu können. Und nicht nur das: Die Regel, Energie in Dollar abzuwickeln, hat sich längst auf nahezu den gesamten Warenverkehr ausgeweitet. Verkauft ein japanischer Unternehmer eine Maschine nach Mexiko, wird auch diese höchstwahrscheinlich in amerikanischer Währung bezahlt.

So entsteht eine stete Nachfrage nach Dollar. Alliierte Staaten belohnen die USA meist mit einer »Swap Line«, also mit direktem Zugang zu Dollar-Krediten bei der amerikanischen Zentralbank. Gegner dagegen werden vom internationalen Zahlungssystem SWIFT und damit vom Dollar-Strom ausgesperrt. Für die USA wiederum bedeutet dies, dass sie sich nahezu unbegrenzt verschulden können. Jede andere Landeswährung würde bei einem derart hohen Verschuldungsgrad an Wert verlieren. Theoretisch könnte Washington seine Schulden sogar einfach »wegdrucken«. Darin besteht das »exorbitante« oder »unverschämte Privileg« der USA, das Charles de Gaulle vor über 50 Jahren kritisierte. Die Amerikaner wiederum erwidern schulterzuckend: »Our Currency, your Problem« – »unsere Währung, euer Problem«.

Was das konkret bedeutet, ließ sich 2022 beobachten. In den USA stiegen die Leitzinsen schneller als im Rest der Welt. In der Folge flossen gewaltige Geldmengen aus allen Ecken der Welt in die USA, um dort einen vermeintlich sicheren Hafen und relativ hohe Zinsen zu finden. Für zahlreiche Schwellenländer bedeutete dies Inflation und Rezession bis hin zu Aufständen wie im Frühsommer 2022 in Sri Lanka, als Demonstranten den Präsidentenpalast stürmten. Aber auch die EU und China leiden unter dem starken Dollar.

Wie könnte nun China den Yuan als Konkurrenzwährung etablieren oder zumindest Löcher in dieses System reißen? Mittlerweile gehen rund 25 Prozent der saudischen Exporte an China. Im März 2022 schlossen beide Länder ein Abkommen, wonach Peking einen Teil seines Öls künftig auch in Yuan bezahlen könne. Konkret umgesetzt wird das noch nicht, aber die dafür nötige Börse, die »Shanghai Petroleum and Natural Gas Exchange«, wurde im September 2021 gegründet. Unterdessen haben sich die Beziehungen zwischen Washington und Riad seit dem Mord an dem saudischen Kritiker Jamal Khashoggi 2018 in Istanbul und Bidens abschätziger Rhetorik gegenüber der OPEC verschlechtert. Nicht nur das: Die Konfiszierung russischen Vermögens in den USA aufgrund der Invasion der Ukraine hatte einen unerwünschten Nebeneffekt. Eine Leitwährung baut letztlich darauf auf, dass alle Staaten ein gewisses Grundvertrauen in das Geld haben. Als die westlichen Alliierten im Frühjahr 2022 die russischen Anlagen in US-Staatsanleihen beschlagnahmten, schockierte dies auch zahlreiche andere Staaten. Das Signal lautete: »Euer Geld ist bei uns nicht sicher.« Das dürfte insbesondere Länder wie Saudi-Arabien betreffen, die eine miserable Menschenrechtsbilanz haben. Wer fürchtet, auf einer schwarzen Liste der USA zu landen und dadurch seine Geldreserven zu verlieren, schaut sich daher längst nach anderen Möglichkeiten um. Dies wiederum beschädigt den Status der Leitwährung. »Insgesamt werden wir eine Fragmentierung im Finanzsystem erleben«, sagt Hasan Alkas, Professor für Mikroökonomie mit dem Schwerpunkt internationale Märkte an der Hochschule Rhein-Waal in Kleve. »Der Rubel hat wider Erwarten Stärke bewiesen, der Yuan nimmt an Bedeutung zu. Wir werden also in Zukunft mehrere Blöcke sehen: Dollar und Euro auf der einen und Rubel und Yuan auf der anderen. Auch das ist eine Folge der Sanktionspolitik.«

Letztlich hängen Erfolg und Misserfolg der chinesischen Strategie an einer Frage: Was können erdölexportierende Länder mit Yuan anfangen? Das Geschäft, Öl in chinesischen Renminbi, wie die chinesische Währung offiziell heißt, abzurechnen, lohnt sich immer dann, wenn es genug interessante Waren gibt, die mit chinesischem Geld gekauft werden können. Insofern ist es nicht verwunderlich, dass Peking den saudischen Kronprinzen Mohammed bin Salman, kurz MBS, dabei unterstützt, seine Version einer Wüstenstadt namens Neom umzusetzen. Außerdem hilft Peking Riad beim Bau von Nuklearreaktoren und bei der Entwicklung von Raketensystemen. Je mehr Waren oder Dienstleistungen die Saudis direkt aus China beziehen, desto mehr Sinn ergibt es für sie, ihr Öl in Yuan zu verkaufen.

Ob Erdöl und Gas tatsächlich gegen Ende dieses Jahrzehnts unwichtiger werden und durch regenerative Energien ersetzt werden, sei hier dahingestellt. Natürlich fürchten die erdölexportierenden Staaten der Welt den damit einhergehenden Bedeutungsverlust. Die Biden-Administration wiederum dürfte sich aus diesem Grund auch verhältnismäßig wenig um die Beziehungen zur OPEC kümmern, gemäß dem Motto: »In ein paar Jahren seid ihr ohnehin unwichtig.« Kritiker der Energiewende weisen allerdings darauf hin, dass dies zu kurz gedacht sei und die Weltwirtschaft womöglich noch viel länger auf fossile Energieträger setzen werde. Für die OPEC, allen voran Saudi-Arabien, ist China also eine willkommene Alternative, die den von den USA angedrohten Bedeutungsverlust mehr als kompensiert. Insofern birgt die Strategie des Westens, die Saudis zu verprellen, große Risiken. Sollte sich eines Tages herausstellen, dass die Energiewende nicht wie geplant funktioniert, könnte sich China längst eine Pole-Position im Ölgeschäft gesichert haben.

Unabhängig davon gilt: Je mehr Waren China produziert, desto höher ist der Anreiz für andere Staaten, Handel in chinesischen Yuan abzurechnen und sich den Umweg über den US-Dollar zu sparen. Hinzu kommt, dass Zentralbanken dazu tendieren, die Währungen in ihrem Portfolio zu halten, in denen sie verschuldet sind. Kommt es zu globalen Währungsturbulenzen wie Mitte 2022, werfen die Notenbanken große Dollar-Bestände auf den Markt, um damit ihre eigene Währung zu kaufen. Das soll den Kursverfall der eigenen Währung stoppen. Die japanische Zentralbank kann ein Lied davon singen: Allein in einer Woche im September kaufte die Bank of Japan (BOJ) Yen im Wert von 20 Milliarden US-Dollar.

Wenn nun im Zuge der Neuen Seidenstraße mehr Länder in direkten Handelsbeziehungen mit Peking stehen, steigt für diese Staaten auch der Anreiz, zusätzlich Reserven in Yuan zu halten. 2018 noch hielten die Zentralbanken weltweit zwei Drittel aller Währungsreserven in US-Dollar. Erst mit großem Abstand folgte der Euro mit 20 Prozent. Der chinesische Yuan kam gerade einmal auf ein Prozent. Vier Jahre später haben sich diese Anteile leicht zu Gunsten des Yuan verschoben. Laut IMF kommt der US-Dollar aber immer noch auf 60 und der Renminbi auf 2,8 Prozent.

Die Kredite, die China im Rahmen der Neuen Seidenstraße vergeben hat, sind in US-Dollar nominiert und müssen in US-Dollar zurückgezahlt werden. Sie dienen dazu, den Berg an angesparten Devisenreserven, die bisher alle in amerikanischen Staatsanleihen steckten, zu diversifizieren und zu reinvestieren. Allerdings entstehen durch die Kredite neue Formen der Zusammenarbeit. Unternehmen bauen nachhaltige Beziehungen auf, der Handel wird gestärkt, Peking als ernstzunehmende Alternative zu den USA und Europa wahrgenommen. Erst darauf aufbauend wächst dann auch der bilaterale Handel, der in Renminbi abgewickelt werden kann.

Noch aber sitzt der amerikanische Dollar fest auf seinem Thron. Das derzeitige System mit dem US-Dollar als Leitwährung fußt noch immer auf dem Zusammentreffen verschiedener Notenbanker in Bretton Woods 1944. Damals verlor das Britische Pfund ultimativ seinen Status als Leitwährung und wurde durch den US-Dollar ersetzt. Das seit den 1970er Jahren bestehende Petrodollar-System ist eine Art Update des Bretton-Woods-Abkommens. Man kann solche Systemwechsel bis in die Antike zurückverfolgen. Zwischen 80 und 100 Jahren behält im historischen Durchschnitt eine Leitwährung ihren Status. Das lässt sich beim byzantinischen Solidus, der das Frühmittelalter dominierte, genauso beobachten wie beim holländischen Gulden im 17. Jahrhundert. Währungen enden meist nicht mit einem Knall, sondern verlieren nach und nach an Bedeutung, so wie auch das Britische Pfund nach 1944 zunächst eine der wichtigsten Währungen blieb. Und auch wenn es nach knapp 80 Jahren statistisch für den US-Dollar langsam Zeit wäre abzutreten, wird dieser nicht über Nacht vom chinesischen Yuan abgelöst werden. Viel wahrscheinlicher – und darauf setzt Peking – ist ein langsamer Übergang zu einem multipolaren System.

Wie dieses Währungsgefüge aussehen könnte, darüber gibt es bisher nur Spekulationen: Manchmal ist von einer gemeinsamen Währung der BRICS-Staaten die Rede, die sie mit einem Korb aus Rohstoffen decken könnten. Dies erinnert noch am ehesten an die Zeit vor 1971, als der US-Dollar mit Gold gedeckt war. Andere glauben, dass bald die Zeit von Central Bank Digital Currencies (CBDCs) anbricht. Diese digitalen staatlichen Währungen würden es Regierungen und Zentralbanken erlauben, wirtschaftliche Prozesse feinzusteuern. Geld ließe sich zum Beispiel mit einem Verfallsdatum ausstatten, um die Bürger so zum Konsum zu animieren. CBDCs ermöglichen auch ein bisher unbekanntes Maß an staatlicher Überwachung, da jede Transaktion prinzipiell einsehbar ist und theoretisch auch gesperrt werden kann. Auch das dürfte ein Grund sein, warum China bei der Entwicklung des digitalen Yuan am weitesten fortgeschritten ist. Für den bilateralen Handel wären CBDCs ebenfalls bestens geeignet, da der Umweg über den US-Dollar und das SWIFT-System nicht mehr nötig wäre.

Der große Gong, der das Ende des Petrodollar-Systems eingeleitet hätte, blieb bei Xis Saudi-Arabien-Reise Ende Dezember aus. Xi wies lediglich nochmals die Golfstaaten auf die Möglichkeit hin, die neue Shanghai Petroleum and Natural Gas Exchange zu nutzen und vielleicht einen Teil des Öls in Renminbi zu verkaufen. Die Marschrichtung allerdings ist klar: Peking untergräbt den Status des US-Dollars.

15.

CHINAS SCHULDENKRISE UND DIE SEIDENSTRASSE 2.0

»Wenn du der Bank 100 Dollar schuldest, gehörst du der Bank. Wenn du der Bank 100 Millionen Dollar schuldest, gehört die Bank dir.«

JEAN PAUL GETTY, US-INDUSTRIELLER

Es sind Bilder, wie man sie aus China seit über 30 Jahren nicht gesehen hat: Eine wütende Menschenmenge skandiert Parolen wie »Freiheit«, »Nieder mit Xi Jinping«, »Nieder mit der Kommunistischen Partei« und »Freiheit für Xinjiang«. In mehreren Städten des Landes sind Tausende Menschen gegen die Zero-Covid-Politik auf die Straßen gezogen. Ihren Ursprung haben die Proteste Ende November 2022 in Shanghai. Mehr und mehr Menschen versammeln sich auf der Kreuzung der Straßen Anfu Lu und Wulumuqi Lu. Zunächst entzünden sie nur Teelichter und legen Blumen nieder. Bald aber skandieren sie politische Slogans. Die Wut der Menschen richtet sich unmissverständlich gegen die Herrschaft der Partei. Manche stellen sich der Polizei entgegen, andere singen die Nationalhymne.

Es ist kein Zufall, dass die Proteste in Shanghai auf der Wulumuqi Lu beginnen. Die Straße ist eine belebte und aufgrund ihrer vielen Cafés und Restaurants bei Chinesen und Ausländern gleichermaßen beliebte Ecke in der ehemaligen französischen Konzession der Stadt, wie das alte von Franzosen erbaute Kolonialviertel heißt. Wulumuqi ist der chinesische Name von Urumqi, Hauptstadt der Autonomen Region Xinjiang. Dort ist wenige Tage zuvor in einem Wohnhaus ein Feuer ausgebrochen. Weil die Behörden Straßensperren errichtet haben, um den Lockdown durchzusetzen, kann es nicht schnell genug gelöscht werden. Mindestens zehn Menschen sterben in den Flammen. Videos zeigen eine Frau, die aus einer brennenden Wohnung um Hilfe schreit. In Urumqi herrscht zu diesem Zeitpunkt schon seit mehr als 100 Tagen ein strikter Corona-Lockdown. Immer wieder dringen Berichte von Verzweifelten nach draußen.

Bald erreichen die Proteste auch andere Städte. An der Tsinghua-Universität, der wichtigsten Hochschule des Landes, versammeln sich Tausende Menschen, auch in Nanjing, Chengdu, Wuhan und Xian gehen meist junge Leute auf die Straße. Viele von ihnen halten ein weißes Blatt Papier in die Höhe. Damit bringen sie ihren Protest gegen die allgegenwärtige Zensur zum Ausdruck. Weiß ist auch die Farbe der Trauer in China.

Reporter in westlichen Medien sprechen von den »größten Protesten seit 1989« – was stimmt, denn bis dahin war es dem gewaltigen chinesischen Zensurapparat stets gelungen, eine Vernetzung von Protestbewegungen zu verhindern. Unklar dagegen ist, ob die Novemberproteste tatsächlich für jene Kehrtwende verantwortlich waren, die die Regierung in Peking kurz darauf vollzieht, indem sie alle Beschränkungen der vergangenen drei Jahre fallenlässt.

Dabei war ein anderes Ereignis, das in den meisten ausländischen Medien weniger Beachtung fand, vielleicht wichtiger: Unruhen gab es im November 2022 nämlich auch im Foxconn-Werk bei Zhengzhou. Der Apple-Zulieferer ist einer der größten Arbeitgeber des Landes und beschäftigt allein in seinem Werk in der Provinz Henan 200.000 Menschen. Die Proteste eskalierten schnell, Foxconn-Angestellte lieferten sich Straßenschlachten mit den »Da Bai«, den »großen Weißen«, wie die gesichtslosen Sicherheitsleute in Infektionsschutzanzügen genannt werden. Wütende Arbeiter, stillstehende Fabriken: Für ein Regime, das seine Legitimität in den vergangenen 30 Jahren aus stetem Wirtschaftswachstum gezogen hat, ist das bedrohlicher als demonstrierende Studenten.

Denn die chinesische Wirtschaft ist längst nicht mehr so sicher auf Wachstumskurs wie zehn Jahre zuvor. Auf dem 20. Parteitag im Oktober 2022 hat Xi Jinping seine dritte Amtszeit verkündet und das Politbüro mit loyalen Gefolgsleuten besetzt. Er regiert damit länger als jeder andere Präsident nach Maos Tod. Im Inneren stehen die

Zeichen auf Diktatur, nach außen verschärft sich der Konflikt mit dem Westen. Wiederholt raunt Xi Jinping in seinen Reden von »großen Veränderungen, wie sie nur einmal in 100 Jahren geschehen«. Er schwört Partei und Volk auf schwierige Zeiten ein. Was Xi genau damit meint, bleibt ungewiss. Sicher jedoch ist, dass die Wirtschaft als zentrale Legitimationssäule der Kommunistischen Partei nicht mehr so stabil steht wie noch vor zehn Jahren. 2013, dem Startjahr der Seidenstraßen-Initiative, wuchs das chinesische BIP 7,8 Prozent. Die Wirtschaft boomte. Geld aus der ganzen Welt floss nach China. Im Wochentakt eröffneten ausländische Unternehmen Werke in dem scheinbar nur noch formal kommunistischen Land. Abgesehen von der russischen Invasion der Krim gab es kaum geopolitische Spannungen. Im Gegenteil: Die internationale Kooperation und vor allem der Welthandel nahmen immer weiter zu.

Doch diese Zeit ist vorbei. US-Präsident Donald Trump startete 2018 einen Handelskonflikt mit China, den manche einen Handelskrieg nennen. Womöglich ging es ihm darum, die Ungleichgewichte und Asymmetrien geradezurücken, die sich in den zwei Dekaden aufgebaut hatten. Strafzölle und Exportverbote (wie das im Oktober 2022 verhängte Chip-Embargo) beendeten die heiße Phase der Globalisierung.

2,8 Prozent – so lautete die Wachstumsprognose der Weltbank für China im Herbst 2022. In einem Land, das noch dabei ist, wirtschaftlich zum Westen aufzuschließen, und dessen Regierungspartei ihre autoritäre Herrschaft auf Wachstum stützt, ist das zu wenig. Ein hausgemachtes Problem kommt hinzu: die Immobilienkrise. Die Branche gilt seit Jahren als überhitzt. Da den Chinesen kaum etwas anderes übrigbleibt, als ihr Vermögen in Wohnungen zu investieren, floss immer mehr Geld in diesen Sektor. In der Folge stiegen die Preise an. Wer Ende der 90er eine Drei-Zimmer-Wohnung in Shanghai für einen mittleren fünfstelligen Betrag erwarb, dürfte heute Millionär sein. Durch die hohen Wertsteigerungen floss noch mehr Geld in den Markt. Für die Immobilienentwickler hieß das: immer mehr Wohnungen, immer schneller. So wurde es Usus, Wohnungen zu verkaufen, die noch gar nicht gebaut worden waren. Schon bald wurde der Bau von bereits verkauften Wohnungen durch den Verkauf neuer Wohnungen finanziert – deutliches Kennzeichen eines Schneeballsystems.

Das ging lange gut, doch im Sommer 2021 entschied die Regierung, Luft aus dem überhitzten Sektor zu lassen. »Drei rote Linien« sollten das schuldenbasierte Wachstum der Immobilienkonzerne bremsen: Das Verhältnis der Verbindlichkeiten zu Vermögenswerten muss unter 70 Prozent liegen, der Nettoverschuldungsgrad darf nicht höher als 100 Prozent sein, und das Verhältnis von liquiden Mitteln zu kurzfristigen Verbindlichkeiten muss größer als Faktor eins sein.

Seitdem wankt der Sektor, allen voran der zweitgrößte Immobilienkonzern des Landes Evergrande. Die Verbindlichkeiten liegen bei mehreren hundert Milliarden US-Dollar. Insgesamt dürfte mindestens ein Fünftel aller Unternehmen aus der Branche betroffen sein, was wiederum Auswirkungen auf den Bankensektor hat.

Solang dieser Schwelbrand nicht gelöscht ist, wird China nicht auf einen gesunden Wachstumspfad zurückkehren. Die Immobilienbranche macht fast ein Drittel der chinesischen Wirtschaftsleistung aus.

Was bedeutet das für chinesische Auslandsinvestitionen und damit auch für die Neue Seidenstraße? Zunächst mal sind die Zeiten vorbei, in denen Peking mit Geld um sich werfen konnte. Die hohen Wachstumszahlen von fünf Prozent plus x gehören der Vergangenheit an. Die Bevölkerung altert, und aufgrund der Ein-Kind-Politik, die zwischen 1980 und 2020 galt, gibt es zu wenige junge Leute, um den Wohlstand zu sichern. Der Bevölkerungsrückgang von 850.000 Einwohnern im Jahr 2022 überraschte selbst die chinesischen Behörden. Zwischen drei und fünf Prozent dürfte die chinesische Volkswirtschaft in den kommenden Jahren wachsen. Um die Inflation in Schach zu halten, sind Zinserhöhungen und ein geringeres Kreditwachstum notwendig. Das heißt wiederum, dass in Zukunft mehr auf die Profitabilität der Projekte geschaut werden muss.

Hinzu kommt, dass die globale Rezession und Finanzkrise ausgerechnet die Empfängerländer der Neuen Seidenstraße am härtesten trifft. Sri Lanka steckt Ende 2022 wieder in Zahlungsschwierigkeiten, die durch die Schulden bei Peking zu einem Problem werden (siehe Kapitel 3).

Auch Kenia hat ähnliche Probleme: 2019 flog der damalige Präsident Kenyatta nach Peking, um einen weiteren Kredit in Höhe von 3,7 Milliarden US-Dollar von Peking zu bekommen. Mit dem Geld sollte endlich die Eisenbahnstrecke von Nayvasha nach Kisumu weitergebaut werden. Erst so könnte der großartige chinesische Plan, die Hauptstädte Afrikas mit einer Bahnstrecke zu verbinden, überhaupt realistisch werden. Doch aus Peking kehrte Kenyatta mit leeren Händen zurück. In der Zwischenzeit nämlich war Kenias Schuldenquote von 45 auf ganze 60 Prozent gestiegen. Vor einigen Jahren wäre das noch kein Problem gewesen, um an einen chinesischen Kredit zu kommen. Jetzt aber hatten Pekings Banken offenbar Anweisungen erhalten, das Geld nicht mehr so locker auszugeben. Aus chinesischer Sicht eine kluge Entscheidung, denn kaum drei Jahre später war Kenia tatsächlich in Zahlungsschwierigkeiten geraten. Im Oktober 2022 wollte Kenyattas Nachfolger William Ruto daher die Kreditlinie neu verhandeln. Die Tilgung sollte von 20 auf 50 Jahre gestreckt werden. Peking ließ ihn abblitzen. Hinzu kommt: Kenia kämpft derzeit mit hohen Energiepreisen und einer damit verbundenen Inflation, während die Konjunktur lahmt.

In den meisten Ländern der Neuen Seidenstraße hat sich das Leistungsbilanzdefizit in den vergangenen zwei Jahren ausgeweitet. Nicht wenigen droht eine Überschuldung bis hin zur Zahlungsunfähigkeit. Malaysia, das eigentlich stets gute Beziehungen zu Peking pflegte, gab schon 2019 nach einem Regierungswechsel bekannt, vorerst keine

Kredite von Peking mehr zu wollen – auch weil es diese nicht zurückzahlen könne.

Noch im Juli 2022 kamen die 20 führenden Wirtschaftsnationen (G20) bei Beratungen zu dem Schluss, dass »Risiken für einen ›Schuldenstress‹ in 30 Entwicklungsländern und 60 besonders armen Staaten bestehen«. Das Magazin »Foreign Policy« schreibt, dass die »Hälfte aller Niedriglohnländer« derzeit in Zahlungsschwierigkeiten stecke und es in mindestens einem Drittel aller BRI-Projekte Probleme gebe. Auch Bundeskanzler Olaf Scholz warnte im Sommer 2022 vor einer »Schuldenkrise des Globalen Südens«.

Die Ursache für diese Entwicklungen in den Empfängerländern der Neuen Seidenstraße ist außerhalb des Machtbereichs Pekings zu suchen. Es hat mit der Geldpolitik der amerikanischen Zentralbank (FED) zu tun. Als Reaktion auf den Einbruch der Wirtschaft durch Corona hatte sie 2020 die Geldschleusen geöffnet, um die Konjunktur zu stimulieren. Aktien-, Rohstoff- und Immobilienkurse schossen daraufhin in die Höhe. Einige Monate später aber kamen die Folgen des billigen Geldes auch in der Realwirtschaft an: Die Inflation erreichte Höhen, wie man sie zuletzt in den 70er Jahren gesehen hatte. Im Winter 2021 vollzog die FED eine Kehrtwende und begann, die Zinsen schrittweise zu erhöhen. Damit sollten die Preissteigerungen in den USA unter Kontrolle gebracht werden. Da die FED die Zinsen aber weitaus schneller und stärker anhob als die meisten anderen Staaten der Welt, floss Geld Richtung USA: Weil Anleger in Amerika höhere Zinsen bekommen, parken sie ihr Geld lieber dort. In der Folge steigt der

US-Dollar im Wert, während die meisten anderen Währungen verlieren. Dies wiederum verteuert für diese Länder die Importe. Hinzu kam im Februar 2022 die russische Invasion der Ukraine, in deren Folge die Energiepreise stiegen. Für nahezu alle Schwellenländer steigen also die Kosten, wodurch der Haushalt unter Druck gerät. Besonders die Türkei und Argentinien leiden in diesen Phasen unter starker Inflation und bewegen sich in Richtung Insolvenz.

Die Entwicklungen könnten auf zwei Ebenen Folgen haben. Zum einen könnten viele Schuldnerländer gezwungen sein, dem Beispiel Sri Lankas zu folgen und Infrastrukturprojekte an China abzutreten, etwa in Form einer Pacht wie beim Hafen von Hambantota geschehen. Zum anderen könnten die Zahlungsprobleme der Empfängerstaaten zu einem Problem für China selbst werden, gemäß des berühmten Spruchs von Jean Paul Getty: »Wenn du der Bank 100 Dollar schuldest, gehörst du der Bank. Wenn du der Bank 100 Millionen Dollar schuldest, gehört die Bank dir.«

In den vergangenen 65 Jahren war es normalerweise der »Pariser Club«, der Umschuldungen verhandelte. Das informelle Gremium dient dazu, einen Rahmen zu schaffen, in dem sich verschuldete Staaten mit ihren Gläubigern einigen können, um eine ungeordnete Insolvenz und damit Instabilität zu vermeiden. 2006 lud dieser Club China ein, Mitglied zu werden. Da das Land als immer größerer internationaler Gläubiger auftrete, wäre es sinnvoll, die Aktivitäten zu koordinieren und mehr Transparenz zu schaffen. Peking aber lehnte ab und wollte stattdessen »Ad

Hoc Teilnehmer« werden. Explizit verneinte das Regime, über seine Aktivitäten Auskunft zu geben.

Seitdem hat sich Peking immer wieder geweigert, mit dieser Organisation zusammenzuarbeiten. Das birgt die Gefahr, dass die Zahlungsschwierigkeiten eskalieren und im Extremfall zu einer ungeordneten Insolvenz führen. Auch die Weltbank kritisiert diese Intransparenz. Im Juni 2019 sagte David Malpass, Präsident der Organisation: »Wenn Geld in einer intransparenten Art und Weise verliehen wird, ist es schwierig für andere Gläubiger, die Bedingungen zu kennen, was es schwierig für diese macht, in Projekte zu investieren und schlussendlich die Entwicklung dieser Länder behindert.«

Womöglich liegt die Ursache dieser Intransparenz allerdings gar nicht an böser Absicht: China weiß wohl selbst überhaupt nicht genau, an wen es wie viel Geld verliehen hat. Zwar kam 2021 eine Studie zu dem Schluss, dass sich Chinas Ansprüche auf mindestens 840 Milliarden US-Dollar belaufen. Davon seien rund 385 Milliarden »Hidden debt«, also versteckte Schulden, von denen niemand genau wisse, bei wem und unter welchen Konditionen diese lägen.

Laut einer Studie des Kiel Instituts für Weltwirtschaft gewährt China im Vergleich zu anderen internationalen Gläubigern nur sehr selten einen Schuldenerlass und lässt Kredite häufiger umschulden. So zum Beispiel im Fall der Republik Kongo: 2006 lieh Peking dem Land 1,6 Milliarden US-Dollar für eine »strategische Partnerschaft«. 2013 wurde dieselbe Summe nochmals freigegeben. 2019 geriet das Land wegen fallender Ölpreise in Zahlungsschwierigkeiten. Die chinesische Exim Bank refinanzierte die Kredite – allerdings zu einem höheren Zinssatz.

Seit einiger Zeit häufen sich auch die Meldungen über Schäden, Verschleißerscheinungen und schlicht Pfusch bei den BRI-Projekten: Ein mit chinesischen Krediten gebautes Wasserkraftwerk im südamerikanischen Ecuador weist plötzlich Risse auf. Ingenieure befürchten den Kollaps des 2,7 Milliarden US-Dollar teuren Projekts. In Pakistan musste Ende 2022 ein Wasserkraftwerk vom Netz genommen werden, weil die Schäden zu bedrohlich wurden. Und in Uganda zählt die Betreiberfirma über 500 Defekte an einem chinesischen Wasserkraftwerk, das mit einem Kredit der Exim Bank in Höhe von 480 Millionen US-Dollar gebaut worden war.

Man kann davon ausgehen, dass die Pandemie und die drohende Schuldenkrise Chinas Investitionen hemmen. Zwar lagen die chinesischen Direktinvestitionen im Ausland im ersten Pandemiejahr 2020 bei 154 Milliarden US-Dollar und waren damit fast doppelt so hoch wie 2012. Der Global China Investment Tracker des AEI (American Enterprise Institute) erwartet aber dennoch fallende Investitionen. Das ergibt Sinn, da allein schon die strikten Ein- und Ausreisebeschränkungen während der Pandemie die chinesischen Auslandsinvestitionen gehemmt haben dürften.

Dass die Neue Seidenstraße nicht mehr eine ganz so hohe Priorität innerhalb der chinesischen Regierung hat, darauf deuten quantitative Analysen der chinesischen Presse hin: Schon seit 2018 beobachten Analysten einen Rückgang der Nennung Neue Seidenstraße und Belt-and-Road-Initiative in den staatlichen Propaganda-Medien.

Ein abruptes Ende aber wird die Neue Seidenstraße nicht finden. Dazu ist das Projekt zu eng mit Xi Jinping selbst und der Partei verknüpft. Eher kommt es zu einem langsamen Auslaufen oder einer Verschiebung des Fokus.

Belt-and-Road 2.0 soll das neue Konzept lauten, mit dem Peking vorsichtiger und klüger Geld verleihen will. Die Portfolios sollen kleiner werden. Chinesische Banken sollen sich auf kleinere Projekte konzentrieren. Qualität soll Vorrang vor Quantität bekommen, wenn es um die Finanzierung neuer Projekte geht. Angekündigt wurde das Update also solches schon 2019.

Xi Jinping sprach 2020 von drei Zielen: Erstens soll entlang der Neuen Seidenstraßen ein Netzwerk von Freihandelszonen entstehen. Zweitens soll eine »Seidenstraße für das Gesundheitswesen« und eine der Digitalisierung gebaut werden. Drittens eine »weiche« Straße, die soziale Zusammenarbeit zwischen China und den Empfängerländern fördert.

Und die Investitionen sollen also »smarter« werden. Das heißt, dass demnächst mehr Geld in die Ausgaben der digitalen Infrastruktur fließen soll. Überwachungshardware und -software sind schließlich Exportschlager, die in China gut erprobt sind. Viele derjenigen, die in Shanghai und anderen Städten auf die Straße gegangen waren, erhielten später Nachrichten von der Polizei. Kameras mit Gesichtserkennungssoftware hatten die Demonstranten identifiziert.

Hamburg
Duisburg
DEUTSCHLAND

16.

AM ENDE: SONDERFALL DEUTSCHLAND

»Das ist eine völlig andere Situation als in Asien oder Südosteuropa.«

MARKUS TEUBER, DUISBURGER HAFEN AG

8000 Kilometer liegen zwischen der chinesischen Mega-Metropole Chongqing und Duisburg. Von hier aus sind die Container 13 Tage auf der Neuen Seidenstraße unterwegs. Sie rollen durch die chinesische Unruheregion Xinjiang nach Khorgos an der kasachischen Grenze, wo sie auf eine andere Gleisbreite verladen werden, durchqueren Russland, Belarus und Polen. Am Ende treffen sie in Duisburg bei Markus Teuber ein. Er war lange Generalbevollmächtigter des Duisburger Hafens und ist heute China-Beauftragter der Stadt. Mittlerweile ist man hier wieder auf dem Vor-Pandemie-Niveau, was die Zahl der aus Fernost kommenden Züge betrifft.

Der Krieg in der Ukraine hatte dazu geführt, dass sich die Frequenz halbierte. »Damals waren viele Kunden verunsichert, ob die Produkte von Sanktionen betroffen sind«, sagt Teuber. »Andere wollten aus ethischen Gründen die Russland-Route meiden.« In den kommenden Jahren aber rechnet man in Duisburg fest mit weiterem Wachstum auf der großen Überlandroute nach China.

Auf der Kohleinsel in Duisburg, die ihren Namen von der seit 1908 hier verladenen Kohle hat, soll bald das erste klimaneutrale »trimodale Containerterminal im europäischen Hinterland« entstehen. Trimodal, weil auf dem Areal von 235.000 Quadratmetern 850.000 Container auf drei Transportmöglichkeiten verladen werden – auf Züge, Schiffe und Lastwagen. Geplante Fertigstellung: 2024. Eigentlich wollte sich der chinesische Staatskonzern Cosco mit einem dreistelligen Millionenbetrag daran beteiligen, dann aber machte er aus ungeklärten Gründen einen Rückzieher.

Ungefähr 60 Züge treffen derzeit jede Woche aus China in Duisburg ein. 100 könnten es noch werden, so jedenfalls sind die Planungen der Hafen AG, die zu zwei Dritteln dem Land Nordrhein-Westfalen und zu einem Drittel der Stadt Duisburg gehört. 2014 besuchte der chinesische Staatschef Xi Jinping die Stadt höchstpersönlich. Das Treffen wurde so inszeniert, dass Xi gemeinsam mit dem damaligen Wirtschaftsminister Sigmar Gabriel und der Ministerpräsidentin Hannelore Kraft einen aus Chongqing einfahrenden Zug begrüßen konnte. 13 Tage dauert eine solche Fahrt derzeit. Und wäre nicht im Herbst 2022 die Debatte um den Einstieg von Cosco beim Containerterminal Tollerort am Hamburger Hafen aufgeflammt, wäre die Zugstrecke in den Wirren der Corona-Pandemie und des Ukraine-Krieges wohl wieder aus der öffentlichen Wahrnehmung verschwunden.

Nur wenige Staaten haben in den vergangenen Jahren so stark vom Aufstieg Chinas profitiert wie Deutschland, und in nur wenigen Staaten ist das Bild Chinas – zumindest in den Spitzen von Politik und Wirtschaft so positiv. Die ehemalige Bundeskanzlerin Angela Merkel besuchte China zwölfmal. In ihrer Amtszeit wurde China zum wichtigsten Handelspartner Deutschlands und Deutschland zum wichtigsten Partner Chinas in Europa. Nirgendwo verkaufen deutsche Automobilhersteller und Maschinenbauer mehr als in der Volksrepublik.

Jahrelang kannte der Fluss der Investitionen zwischen Deutschland und China nur eine Richtung. Deutsche Unternehmen investierten in chinesische Fabriken und später auch in Forschungsabteilungen. Der Preis für den Marktzugang war oft ein Transfer von Technologie. Mittlerweile aber ist das Verhältnis recht ausgeglichen. Längst investiert auch Peking viel in Deutschland, was hierzulande allerdings mittlerweile sehr kritisch begleitet wird. Schnell wird vor einem Ausverkauf deutscher Infrastruktur gewarnt. Die Debatte um die geplante Cosco-Beteiligung in Hamburg steht beispielhaft dafür. Dabei passt das Bild von der chinesischen Unterwanderung mit großzügigen Krediten in Deutschland am allerwenigsten. Auch von einer Schuldenabhängigkeit zu sprechen, ist fernab jeder Realität.

Markus Teuber ärgern solche Diskussionen: »Die Beteiligung an Terminals durch Reedereien ist weltweit gang und gäbe. Und Tollerort ist eines der kleinsten Terminals des Hamburger Hafens. Hier von einer chinesischen Übernahme des Hafens zu sprechen, ist hanebüchen. Das war ein völlig normales Geschäft. Zudem ging es nie um den Hafen an sich. Das wurde völlig falsch kolportiert.«

Während der Corona-Pandemie wurde die Zugstrecke von China nach Duisburg auf einmal sehr attraktiv. Denn die rigorose Zero-Covid-Politik Pekings führte dazu, dass die größten Containerhäfen der Welt bei Shanghai, Tianjin und Guangzhou teilweise stillstanden. Vor der Küste stauten sich die Frachtschiffe und mussten teils Wochen darauf warten, dass die Ladung gelöscht wurde. Wer dringend Ersatzteile brauchte oder Produkte befördern musste, nahm den Zug, der sich als gute Ausweichmöglichkeit präsentierte. Allerdings, so erzählt Teuber, kam es an den Schnittstellen, an denen die Container auf Züge mit anderer Gleisbreite verladen werden müssen, zu Wartezeiten: an der polnisch-belarussischen und der chinesisch-kasachischen Grenze bei Khorgos. Trotzdem liegen die Lieferzeiten nur gering unter denen der Luftfracht, wenn man alle Schritte einrechnet. Immer mehr deutsche Exporteure wissen die Zugstrecke zu schätzen. Längst sind das nicht mehr nur Hewlett-Packard-Produkte wie zu Anfang. Mittlerweile gibt es kaum mehr Produkte, die nicht auf der Schiene transportiert werden.

Letztlich aber ist diese Transportmöglichkeit eine Nische und wird es auch bleiben. Das liegt schon allein am Umfang: Deutschland erreichen per Schiene rund 80.000 Standardcontainer (TEU) aus China, während ein einzelnes Containerschiff 24.000 TEU schafft.

Im Falle von Duisburg sei es völlig abwegig zu denken, China könne irgendwie Druck ausüben, sagt Teuber. Die Zugstrecke sei für die Stadt vor allem positiv: »Mittlerweile haben sich über 100 Unternehmen hier angesiedelt, meist kleinere und mittelständische. Das ist eine gute Perspektive. Irgendeine Art von Beeinflussung haben wir hier nie gespürt, und ich wüsste auch nicht, wie das geschehen soll. Sollte morgen entschieden werden, dass keine Züge mehr fahren, dann wäre das sicherlich kein Grund zum Jubeln, aber das ist eine gegenseitige Angelegenheit. In dem Fall würden halt wieder mehr Produkte über den Seeweg verschifft.« Auch Teuber kennt sowohl die Problematik chinesischer Investitionen in anderen Ländern als auch die »Schuldenfalle-Diplomatie« Chinas. Nur könne er eben für Duisburg nichts davon bestätigen: »Das ist eine völlig andere Situation als in Asien oder Südosteuropa. Das lässt sich nicht vergleichen. Hier gibt es keine Schuldenabhängigkeit, und es geht auch nicht um kritische Infrastruktur.«

Tatsächlich sind die Rahmenbedingungen unterschiedlich. Noch ist Deutschland die viertgrößte Volkswirtschaft der Welt, mit einer zwar steigenden, aber im internationalen Vergleich noch immer relativ niedrigen Schuldenquote. Die rechtsstaatlichen Strukturen sind weitgehend intakt und erschweren Korruption, wie sie in vielen Empfängerländern entlang der Neuen Seidenstraße an der Tagesordnung sind. Nicht zuletzt wird in nur wenigen Ländern der Welt der Umweltschutz so hochgehalten wie in Deutschland. Zudem ist das Land nicht auf chinesische Investitionen in seine Infrastruktur angewiesen. Zwar mag das WLAN-Netz der Deutschen Bahn klaffende Löcher aufweisen, aber Häfen, Flughäfen, Autobahnen und Zugstrecken gibt es hier bereits. Und selbst wenn sich der Bau eines Flughafens grotesk in die Länge ziehen kann und Zugverspätungen ein Ausmaß annehmen, das man von einem führenden Industrieland nicht erwarten sollte, ist die Situation doch keinesfalls vergleichbar mit Sri Lanka, Kenia oder Kasachstan. »Die chinesischen Investitionen in Europa richten sich auf bestehende Infrastruktur«, sagt denn auch Jacob Gunter, Senior Analyst beim Mercator Institut für China Studien (MERICS) in Berlin. »Da geht es also von vornherein nicht direkt um Kredite, sondern um frisches Geld.«

Für Deutschland und die EU liegen die Herausforderungen in anderen Bereichen. Da ist zum einen eine starke Asymmetrie in den Handelsbeziehungen, die die Europäische Handelskammer in Peking seit Jahren erfolglos beklagt. Diese Schieflage betrifft vor allem Marktzugänge, Ausschreibungen und Subventionen. Während chinesische Unternehmen in Europa keine Wettbewerbsnachteile haben, gilt dies nicht für europäische Unternehmen in China. Bei öffentlichen Ausschreibungen beispielsweise bevorzugt Peking konsequent chinesische (Staats-)Unternehmen. Hinzu kommen altbekannte Probleme wie der Diebstahl von Patenten, legaler und illegaler Technologietransfer und Industriespionage.

Im Bereich Digitalisierung geht es um das Etablieren von Standards. In einem Papier der EU-Kammer vom Dezember 2021 heißt es: »Das Setzen von technischen Standards ist das Schlachtfeld, auf dem Staaten darum kämpfen, die Hoheit über strategische Technologien zu erlangen, etwa beim Mobilfunkstandard 5G, bei künstlicher Intelligenz oder bei neuen Elektroautos.« Bisher hätten sich solche Normen aus der Privatwirtschaft und deren Innovationen ergeben. China gehe hier einen neuen Weg: Standards und Regeln werden von Peking vorgegeben, wer nicht mitmacht, bleibt außen vor. Auch der Bundesverband der Deutschen Industrie warnt vor dieser neuen »Normungsmacht«, die im Rahmen der Neuen Seidenstraße wachse.

Eine weitere Herausforderung in den Beziehungen zu China betrifft die ethische Dimension, die sich schnell zu einer geopolitischen entwickeln kann. Russlands Invasion der Ukraine hat gezeigt, dass das vor allem von Deutschland propagierte Konzept »Wandel durch Handel« nicht funktioniert. Einer außenpolitischen Aggression Pekings, die mit hoher Wahrscheinlichkeit Taiwan zum Ziel hätte, würden sicher ähnliche Wirtschaftssanktionen wie 2022 gegen Russland folgen. Schon heute wirkt die europäische Politik inkonsequent, wenn sie Geschäftsbeziehungen mit dem einen autoritären System abbricht, sie aber gleichzeitig mit dem anderen intensiviert.

Es gibt an dieser Stelle keinen Kompass, der eindeutig sagen würde, was zu tun ist. Das Spektrum zwischen wertefreier Realpolitik und einer von demokratischen Idealen bestimmten Außen- und Wirtschaftspolitik ist weit. Man muss sich dieses Spannungsfelds bewusst sein, Entscheidungen mit Bedacht treffen und um Integrität bemüht sein, um nicht im Ausland und in der eigenen Bevölkerung Glaubwürdigkeit zu verspielen. Tatsache ist eben auch, dass die Neue Seidenstraße eine langfristig geplante Strategie zur Machterweiterung Chinas ist, der weder Deutschland und die EU noch der gesamte Westen derzeit viel entgegenzusetzen haben.

»Die einzelnen Investitionen in Hamburg, Rotterdam oder Antwerpen sind unproblematisch, aber wenn man alle einzelnen Investitionen Chinas in europäische Häfen zusammenzählt, kommen Bedenken auf«, sagt Jacob Gunter von der Denkfabrik MERICS. »Betrachtet man die langfristige Tendenz, zeichnet sich ab, dass Staatsunternehmen in diesen Markt eindringen möchten. Insofern sollte man eine klare Grenze ziehen zwischen kritischer und nichtkritischer Infrastruktur. Nicht nur Häfen, sondern auch der Seeverkehr selbst sollte als kritische Infrastruktur angesehen werden.«

Die Pandemie habe gezeigt, dass kleine Störungen in den Lieferketten global große Auswirkungen haben können. Noch viel drastischer aber war in dieser Hinsicht wohl Russlands Invasion der Ukraine und die darauffolgenden Wirtschaftssanktionen der westlichen Welt. Den meisten Deutschen wurde erst da bewusst, welche Abhängigkeiten man in den zwei Jahrzehnten zuvor geschaffen hat. »Da sollte man sich die Frage stellen: Wie viel Einfluss und Abhängigkeit wollen wir von einem autoritären Staat akzeptieren? Sinnvoll wäre es, eine gemeinsame europäische Antwort darauf zu finden«, sagt Gunter.

17.

SCHULDENFALLE ODER WIN-WIN?

»Die Außenpolitik entdeckt mitunter Strategien, wo sie in Wirklichkeit nicht existieren.«

JONATHAN HILLMANN, BERATER DES US-AUSSENMINISTERIUMS

China macht sich die Welt mit seinem Geld untertan. Es bindet Schurkenstaaten von Saudi-Arabien bis Venezuela über vermeintlich großzügige Kredite an sich und bildet so eine neue »Achse des Bösen«: Das war lange Zeit ein gerade in westlichen Medien beliebtes Narrativ, belegt durch Beispiele afrikanischer Kleptokraten, die die Rohstoffe ihres Landes an China verhökerten, nur um sich einen noch größeren Palast bauen zu können. Politiker im Westen bliesen ins selbe Horn. So erklärte die ehemalige deutsche Entwicklungsministerin Heidemarie Wieczorek-Zeul schon 2006, dass »Pekings Regierung die politischen Realitäten in Afrika völlig ignoriere«. 2018 warnte die australische Entwicklungsministerin Concetta Fierravanti-

Wells vor »Weißen Elefanten im Pazifik«. Barack Obama wies 2015 in einem Interview mit der BBC auf Chinas Strategie hin, sich gegen Geld die Rohstoffe Afrikas zu sichern. Doch so einfach ist es nicht.

So verführerisch und zutreffend das Bild vom boshaften Geldverleiher in manchen Fällen sein mag – es greift zu kurz. Für Peking ist die Neue Seidenstraße nur dann ein Erfolg, wenn sie tatsächlich für alle Beteiligten ein Gewinn ist. Denn überschuldete Staaten werden auch für Peking zum Problem, wenn die Zahlungsschwierigkeiten in Insolvenzen münden. Ein Hafen oder eine Zugstrecke, die Gewinn abwerfen Politiker und Einwohner des Landes zufrieden machen, sind wesentlich mehr wert als eine Bauruine und eine Regierung, die nun vor dem Bankrott steht und um Umschuldung bittet. Zudem sind unzufriedene Menschen, deren Lebensgrundlagen durch chinesische Großprojekte zerstört wurden, keine guten Konsumenten chinesischer Waren.

Naiv wäre es allerdings auch anzunehmen, das chinesische Geld käme ohne Bedingungen und habe als alleiniges Ziel, den globalen Handel zu fördern. Tatsache ist, dass sich unter den Empfängern der chinesischen Kredite auffallend viele autoritäre Regimes oder zumindest fragile Demokratien befinden, die in globalen Rankings der Menschenrechte oder Pressefreiheit weit unten stehen. Es ist definitiv nicht Anliegen der Kommunistischen Partei Chinas, die Demokratie und die Einhaltung von Menschenrechten zu fördern.

Schaut man sich die UN-Vollversammlung an, fällt auf, dass die Empfängerländer entlang der Neuen Seidenstraße beständig im Sinne Chinas abstimmen. Am drastischsten zeigt sich dies bei den Themen Taiwan und den Menschenrechtsverbrechen in Xinjiang. Zudem knüpfen die Chinesen die Zusage von Krediten daran, dass die Empfänger Taiwan die diplomatische Anerkennung entziehen. Es ist nicht bewiesen, aber doch naheliegend, dass das Geld aus Peking eben nicht so bedingungslos kommt, wie es manche Empfänger gern darstellen. Hinzu kommt, dass Peking sich bei den konkreten Projekten nicht an die Regeln hält. Vor allem die Europäische Handelskammer kritisiert immer wieder, dass die Ausschreibungsprozesse nicht öffentlich und fair ablaufen. Chinesische Unternehmen würden systematisch bevorzugt.

Dass Peking aber mit den Projekten der Neuen Seidenstraße Staaten wirklich bewusst in eine Schuldenabhängigkeit treibt, ist unwahrscheinlich. Im Falle von Sri Lanka ist dies geschehen und führte zur Preisgabe von Staatseigentum. Auch in Kenia gibt es Anzeichen dafür. Und doch wirken die immens hohen Kredite, die China in den vergangenen zehn Jahren global verteilte, eher, als seien sie mit zu wenig Sorgfalt vergeben worden, als wie ein gezielter und von langer Hand geplanter Versuch, andere Staaten in eine Abhängigkeit zu treiben. Die zu hohen Renditeerwartungen beim Hafen in Sri Lanka oder bei der Zugstrecke in Kenia dürften eher das Resultat schlechter Planung sein. »Wir werden wahrscheinlich nie erfahren, was wirklich die Absicht der Neuen Seidenstraße war«, sagt Jacob Gunter, Senior Analyst bei MERICS. »Ich würde aber sagen, dass Peking mehr daran interessiert ist, freundlichen Einfluss auszuüben und eine gute Investitionsrendite zu erzielen als eine negative Dominanz.«

Dass die Weißen Elefanten und sinnlosen Projekte entlang der Neuen Seidenstraße eher das Ergebnis von Fehlplanungen sind, darauf deuten auch die zahlreichen Geisterstädte und Brücken ins Nirgendwo hin, die China im eigenen Land errichtet hat. China befand sich im vergangenen Jahrzehnt in einem Baurausch, und erst jetzt beginnt sich der Kater abzuzeichnen. So gesehen sind die Milliarden für die Infrastrukturprojekte an der Seidenstraße eben auch Teil der Immobilienblase im Inland. Dass das Geld seit zwei, drei Jahren nicht mehr so locker zu sitzen scheint und Projekte, wie die Eisenbahnstrecke ins Innere Afrikas, einfach nicht fertig gebaut werden, deuten auf eine Hypothese hin: China hat schlecht geplant und ihm ist nun das Geld ausgegangen.

Die schlechte Finanzplanung vieler Großprojekte zeigt sich in China selbst ebenso: Im Januar 2023 überraschte eine Meldung, wonach China Railway, der staatliche Betreiber des Hochgeschwindigkeits-Zugnetzes in China, einen Schuldenberg von 900 Milliarden US-Dollar angehäuft hat. Die gewaltige Summe entspricht fünf Prozent der chinesischen Wirtschaftsleistung. Natürlich hat ein Zugnetz auch positive Effekte auf eine Volkswirtschaft, die sich nicht so leicht quantifizieren lassen. Doch deutet diese absolut wie relativ absurd hohe Summe eher darauf hin, dass Peking auf der Neuen Seidenstraße wohl eher das eigene Entwicklungsmodell mit all seinen Fehlern und Schwächen exportiert, als bewusst andere Staaten in eine Schuldenfalle zu stürzen.

Hinzu kommen zahlreiche Fehler, schlechte Planungen und Kurzsichtigkeit auf der Mikroebene. Wie wäre wohl die Reaktion der Einheimischen beim Pipeline-Terminal in Myanmar oder an der Zugstrecke von Laos, wenn mit der Großinvestition auch eine Schule oder andere soziale Projekte mitfinanziert worden wären? Dass chinesische Staatsunternehmen in den Empfängerländern rabiat und ohne jedes Verantwortungsbewusstsein auftreten, mag kurzfristig die Kosten senken. Langfristig aber steigt der Preis in Form von Unzufriedenheit, Aufständen oder einfach nur einem schlechten Image chinesischer Unternehmen.

Auch die Korruption, die mit vielen der Projekte verbunden zu sein scheint, mag kurzfristig Türen öffnen und zu schnelleren Resultaten führen. Langfristig aber beschädigen Zahlungen an halbseidene Politiker nur das Vertrauen der Menschen in ihre eigenen und die chinesischen Machthaber. Das Projekt kann nur im Sinne Chinas funktionieren, wenn es in den Empfängerländern auf Akzeptanz stößt, statt zu Staatsbankrotten, Umweltschäden und Enteignungen zu führen.

Am Ende entscheidet über den Erfolg der Neuen Seidenstraße nicht Peking allein. Die Kommunistische Partei hält insgesamt wenig von multilateralen Organisationen und Vereinbarungen. Konflikte wie zum Beispiel die Streitigkeiten um unbewohnte Inseln im Südchinesischen Meer will Peking stets bilateral lösen, weil die Volksrepublik eben dann ihr ganzes Verhandlungsgewicht einbringen kann, anstatt sich mit vielen Parteien an einen Tisch setzen zu müssen. Dieses Vorgehen zeigt sich auch bei der Schuldenproblematik. Anstatt dem »Pariser Club« beizutreten, der wichtigsten Organisation für internationale Zahlungsprobleme, besteht Peking darauf, die Probleme in Einzelverhandlungen zu lösen.

Nicht zuletzt hat Chinas Seidenstraßen-Projekt eine ethische Dimension, da es immer wieder auch autoritäre und diktatorische Regimes stützt. Dass Peking wie zum Beispiel im Iran dort in die Bresche springt, wo sich die meisten liberalen Demokratien mühsam auf Sanktionen geeinigt haben, zeigt das deutlich – ebenso wie die Geschäfte mit den Taliban in Afghanistan, nachdem die amerikanischen Truppen das Land verlassen haben.

Aus westlicher Sicht muss man das Projekt deswegen nicht verdammen, meiden oder boykottieren. Achtsamkeit gegenüber Investitionen von chinesischen Staatskonzernen ist trotzdem geboten. Aber man sollte sich darüber bewusst sein, was es ist und welches Ziel damit verfolgt wird: Die Neue Seidenstraße ist eine Projektion neuer chinesischer Macht und folgt einem langfristigen Plan. Ein vergleichbares westliches Projekt ist derzeit nicht am Horizont zu sehen.

EPILOG: VON IMPERIEN UND FALSCHER ÄQUIDISTANZ

Das Galle Face Hotel in der Hauptstadt von Sri Lanka rühmt sich, das älteste Hotel Asiens östlich von Suez zu sein. Wenn die Nachmittagssonne gedämpft durch lichte Bambusmatten auf die Terrasse fällt, der Ozean rauscht und salzige Luft auf der Haut klebt, verströmt der prächtige Bau von 1864 noch immer den Geist einer vergangenen Epoche. Ganze Generationen von Reisenden sind schon über die knarzenden Bretter aus dunklem Teak geschritten. Sie kamen per Segel- oder Dampfschiff aus Hongkong oder Singapur und wollten weiter nach Suez oder Kapstadt oder machten hier auf dem Weg von London nach Mumbai oder Shanghai Station. Das weitläufige Gebäude beherbergt mehrere Restaurants und Bars, Bankettsäle und sogar ein eigenes Museum mit Bildern der illustren Gäste aus den schillerndsten Tagen des British Empire: Mark Twain, Anton Tschechow, Prinzessin Eugenie von Frankreich, Kaiser Hirohito von Japan, Richard Nixon, der Papst und Indira Ghandi – sie alle genossen den imperialen Charme des Hauses.

Anfang des 19. Jahrhunderts fassten die Briten auf Sri Lanka Fuß. Sie übernahmen die Insel von den Niederländern, die wiederum die Portugiesen vertrieben hatten. Fünf Jahre nach Eröffnung des Galle Face Hotels wurde der Suezkanal eröffnet – ein britisch-französisches Projekt, das profunde Auswirkungen auf den Welthandel hatte. Bis zu seiner Verstaatlichung 1956 durch Gamal Abdel Nasser hatte Ägypten davon nichts. Als der schottische Architekt Edward Skinner 1894 den Südflügel des Hotels fertigstellte, befand sich das Britische Weltreich auf dem Höhepunkt seiner Macht. Wie eine Kette zogen sich die Besitzungen Großbritanniens einmal um die Welt: London, Gibraltar, Malta, Suez, Aden, Sri Lanka, Singapur, Hongkong, Shanghai. Zu den Handelsstützpunkten kamen Forts und ganze Häfen, von denen aus Kaufleute, Missionare und Soldaten das Hinterland erschlossen. Mit der Erfindung der Dampfmaschine beschleunigte sich dieser Prozess enorm. Die Eisenbahn ermöglichte es, Rohstoffe zu den Häfen zu transportieren und bei Bedarf innerhalb weniger Stunden Soldaten weit ins Landesinnere zu bringen. Manche der Eisenbahnen aus der Kolonialzeit sind noch heute in Betrieb, die Nine-Arch-Brücke im Tee-Anbaugebiet Ella Sri Lankas ist eine Touristenattraktion. London sicherte sich die Rohstoffe und Agrarprodukte in den kolonialisierten Ländern: Gewürze, Tee, Opium, später Kohle, Öl und Kautschuk. Die in England verarbeiteten Produkte überfluteten anschließend die Märkte, aus denen sie gekommen waren, und zerstörten dort die einheimischen Industrien. Nach dem Ende des Ersten Weltkriegs zogen sich die britischen Kolonien von Norden nach Süden durch den afrikanischen Kontinent, von Ägypten bis Südafrika. In Asien befanden sich neben Sri Lanka bald auch das heutige Indien, Pakistan, Bangladesch und Myanmar unter britischer Herrschaft.

Das Empire war das größte, aber nicht das einzige Kolonialreich. Zu Beginn des Ersten Weltkriegs 1914 war die Welt weitgehend unter europäischen Mächten (oder deren inzwischen unabhängig gewordenen Kolonien wie den USA) aufgeteilt. Nur einer Handvoll Staaten und Königreichen gelang es, sich ihre Unabhängigkeit zu bewahren.

Man kann es Ironie oder Tragik der Geschichte nennen, dass ausgerechnet die Staaten, die heute zu den größten Empfängerländern chinesischer Kredite gehören, vor 100 Jahren unter dem Einfluss europäischer Kolonialmächte standen.

Abgesehen von Europa selbst wirkt die koloniale Vergangenheit in allen Ländern, die ich für dieses Buch bereist habe, nach: In Luang Prabang in Laos sind aus den meisten Häusern der französischen Kolonialverwaltung Luxus- und Boutique-Hotels geworden, die zum UNESCO-Kulturerbe zählen. Immer öfter beherbergen sie chinesische Touristen.

Im Iran verabscheut die junge, gebildete Elite des Landes zwar das Mullah-Regime. Doch gleichzeitig staunte ich immer wieder über den abgrundtiefen Hass auf die USA, Israel und Großbritannien, der sich bei vielen meiner Gesprächspartner offenbarte, sobald man sich etwas länger unterhielt. Hatten sie gerade noch ihr Leid über den Gottesstaat geklagt, sprachen sie im nächsten Satz schon wieder über den »amerikanischen Imperialismus« und die angelsächsische Erdölindustrie, die man 1979 aus dem Land treiben musste.

Weniger im Bewusstsein ist uns, dass auch die Staaten Zentralasiens von der damaligen Kolonialmacht Russland unterworfen worden waren. Auf dem Papier war die russische Vorherrschaft mit der Gründung der Sowjetunion 1922 zwar beendet, de facto aber waren diese Länder vor allem Rohstofflieferanten für die russische Industrie, wofür Moskau wiederum Bahnstrecken und Straßen baute. Den chinesischen Einfluss sieht man dort nicht unkritisch, gleichzeitig ist man sich bewusst, dass man sich eine Form von Eigenständigkeit nur bewahren kann, wenn man zwischen den Großmächten China und Russland laviert.

Nicht nur wir im Westen tendieren dazu, die knallharte Machtpolitik der Kolonialmächte zu verklären; wir denken an die Abenteuergeschichten von Rudyard Kipling und Gin Tonics am Nachmittag. Doch auch in den ehemaligen Kolonien selbst denken manche mit Wehmut daran zurück. »Ich kann es nicht verstehen, aber es gibt hier wieder viele Menschen, die dieser Zeit nachtrauern«, sagt Kutbija Rafijewa, die in Samarkand das Hostel Antica betreibt. »Die Menschen vergessen schnell und vermissen dann eine Welt, die es nie gab.«

Ähnlich schildert es Thiva, ein Fotograf, mit dem ich in Sri Lanka zusammenarbeiten durfte. »Das Galle Face Hotel, die alten Eisenbahnstrecken, die prächtigen Bauten – die neuen chinesischen Gebäude haben diese Ästhetik von damals nicht. Sie sind hässlich, und viele Leute glauben, früher habe es eine Zeit gegeben, in der alles schön und gut war. Nur wer sich mit der Geschichte beschäftigt, weiß um die Schattenseiten der Kolonialzeit.«

Doch nicht überall denken die Menschen so. Immer wieder wiesen mich Gesprächspartner bei den Recherchen in Kenia darauf hin, doch bitte keine westliche Perspektive einzunehmen, sondern die Geschichte zum Beispiel »aus afrikanischer Sicht« zu schildern. Dort sieht man die Kolonialgeschichte überaus kritisch und kreist auch Jahrzehnte später immer wieder um diesen Komplex. Als die Briten 1895 mit dem Bau einer Eisenbahnlinie von Mombasa nach Uganda begannen, brachten sie über 30.000 indische Arbeiter ins Land. Bis 1903 kamen 2500 von ihnen bei den Bauarbeiten ums Leben. Aber auch unzählige Einheimische wurden in Lager gezwungen und mussten Zwangsarbeit verrichten.

Auf den Zusammenbruch der europäischen Kolonialreiche nach dem Zweiten Weltkrieg folgte das amerikanische Zeitalter, welches vielleicht zur Jahrtausendwende gipfelte. In Europa und den USA sind viele überzeugt, nun in eine neue Phase eingetreten zu sein, in der nicht mehr Macht- und Wirtschaftsinteressen Antrieb unseres Handelns sind, sondern Menschenrechte und das Selbstbestimmungsrecht der Völker. In den Staaten des »Globalen Südens« sehen das viele mitnichten so.

James Shikwatti, der kenianische Ökonom in Nairobi, dürfte das, was viele Afrikaner denken, auf den Punkt gebracht haben, als er sagte: »Seit Jahrhunderten kamen fremde Mächte nach Kenia und nahmen sich, was sie wollten: Araber, Perser, Osmanen, Inder, Briten, Amerikaner – jetzt kommen eben die Chinesen, und sie bauen immerhin etwas, was wir brauchen können.« Dass die Chinesen investieren, ohne sich groß um Umwelt und Menschenrechte zu kümmern, sehen viele wie Shikwatti positiv: Eben weil die Kredite nicht an irgendetwas geknüpft sind, fühlt man sich auf Augenhöhe. Nicht wenige halten Organisationen wie die Weltbank und den Internationalen Währungsfonds (IWF) nur für neue Vehikel des alten Kolonialismus, mit denen elitäre Zirkel ihre Interessen durchsetzen.

Diese Sicht ist nicht völlig von der Hand zu weisen: Wer Geld für Infrastrukturprojekte vom Westen will, muss Märkte öffnen, Gesetze anpassen und Industrien liberalisieren. Am Ende beherrschen dann internationale Konzerne die Märkte des Globalen Südens, nachdem diese zur Privatisierung ihrer Industrien gedrängt worden waren.

Pekings Propaganda-Apparat versucht, den Entwicklungen einen anderen Spin zu geben, und spricht von einer »Kooperation unter den Ländern des Globalen Südens«. Im Gegensatz zum Westen wolle China Länder in ihrer Entwicklung unterstützen und ihre Unabhängigkeit bewahren, indem es ihnen eine neue Option eröffne. Kambodschas jahrzehntelanger Präsident Hun Sen, ein guter Freund Pekings, brachte es knapp auf den Punkt: »China redet weniger, aber macht viel. Sie bauen Brücken und Straßen, ohne komplizierte Bedingungen zu stellen.«

Vor allem aber wird die Geschichte des europäischen

Kolonialismus und der Dominanz des Westens von der Kommunistischen Partei in China lebendig gehalten. Die Zeit von 1839 bis 1949 gilt als »Jahrhundert der Demütigung«. Briten, Franzosen, Japaner, Deutsche und Russen zwangen das Kaiserreich zu »ungleichen Verträgen«. China musste seine Märkte für das zerstörerische Opium öffnen, und die Kolonialmächte schnitten sich Handelsstützpunkte und Konzessionen aus dem Land heraus, in denen dann europäisches Recht galt. Anfang des 20. Jahrhunderts besetzte Japan weite Teile Nordchinas und beging im Zweiten Weltkrieg furchtbare Grausamkeiten an der Zivilbevölkerung, die leider in westlichen Geschichtsbüchern viel zu selten erwähnt werden. 1949, so die Erzählung der Partei, hatte Mao Zedong sowohl die Kolonialherren vertrieben als auch den Bürgerkrieg gewonnen und so den Grundstein für die chinesische Renaissance gelegt, die dann gut 50 Jahre später begann. Jetzt sei China dabei, sich seinen angestammten Platz in der Hierarchie der Völker zurückzuholen. Aus Sicht der chinesischen Regierung neigt sich das amerikanische Zeitalter dem Ende zu. Die Propaganda-Medien Chinas sind durchtränkt von diesem Narrativ. Nahezu täglich wird zum Beispiel in der englischsprachigen Tageszeitung »Global Times« der Niedergang der USA beschworen und der (Wieder-)Aufstieg Chinas zelebriert. Immer wieder erwähnt Xi Jinping in seinen Reden, dass nun bald Veränderungen bevorstünden, »wie sie die Welt nur alle hundert Jahre erlebt«.

Die Finanzkrise von 2008 und die Wahl Donald Trumps 2016 dürften die Großstrategen im Pekinger Regierungsviertel Zhongnanhai in dieser Sicht bestätigt haben. China ist bereits heute die zweitgrößte Volkswirtschaft der Welt. Verschiedene Projektionen gehen davon aus, dass die Volksrepublik am Ende des Jahrzehnts auch die USA hinter sich lassen wird.

Großreiche entstehen, blühen auf und vergehen wieder. Manche implodieren mit einem Knall wie die Sowjetunion, andere verabschieden sich leise und allmählich von der Weltbühne wie das British Empire. Jedes von ihnen greift in irgendeiner Form über die eigenen Landesgrenzen hinaus und versucht, die Welt zu seinem Nutzen und nach seinen Vorstellungen zu formen. »Macht-Projektion« heißt dies in der Sprache der internationalen Politik: Die Römer taten dies, indem sie in ganz Europa Straßen bauen ließen, auf denen die Legionen in für damalige Verhältnisse kurzer Zeit jede Ecke des Reichs erreichen konnten. Die Stärke des Britischen Weltreichs lag in der Fähigkeit der Royal Navy, überraschend in jedem Hafen der Welt auftauchen zu können. Über der Pax Americana wachen neun Flugzeugträger. Das Militär aber ist am Ende nur dazu da, die wirtschaftliche Überlegenheit zu sichern, genauso wie die Militärbasen der USA heute vor allem über den neuralgischen Punkt des Welthandels wachen.

Die Neue Seidenstraße ist so gesehen der erste organisierte Versuch der Machtprojektion Chinas. Das Projekt legt den Grundstein für ein chinesisches Zeitalter, indem es Plattformen, physischer und digitaler Art, schafft, auf denen chinesische Produkte, Informationen und Ideen transportiert werden können. Vielleicht folgen auf diesen

Straßen irgendwann einmal Soldaten, so zumindest legt es die Geschichte des British Empire nahe. Die chinesischen Ausgaben für das Militär steigen jedes Jahr, sowohl in absoluten Zahlen als auch relativ, also prozentual zur Wirtschaftsleistung. Noch immer aber liegen sie mit großem Abstand hinter denen der USA und sind vor allem auf Verteidigung (gegen einen amerikanischen Angriff) ausgerichtet. Bisher gibt sich Peking als friedliche Macht und betont das Prinzip der Nichteinmischung in innere Angelegenheiten anderer Staaten.

Wer will es den Chinesen verübeln, dass sie für sich in Anspruch nehmen wollen, das neue Zeitalter zu prägen? Ist nicht eben das der Gang der Zeit? Und war nicht gerade das europäische Zeitalter (von dem das amerikanische vielleicht nur eine Verlängerung ist) nicht auch voll von Folter, Sklaverei, Zwangsarbeit, Unterdrückung und Demütigungen? Vielleicht ist das neue chinesische Zeitalter nun friedlicher. Warum den Gang der Geschichte noch aufhalten?

Betrachtet man die Welt durch diese Brille, erscheint der Einfluss Chinas entlang der Neuen Seidenstraße nur als eine Art Wetterwechsel. Auf die Hegemonie des Westens folgt eben die Chinas. Wer dieser Argumentation folgt, sollte sich bewusst sein, damit den Großstrategen der Kommunistischen Partei in die Hände zu spielen. Vor allem aber ist dies eine unterkomplexe, wenn nicht falsche Darstellung.

Weltgeschichte ausschließlich als naturalistische Abfolge von Großreichen zu sehen, ist eine gerechtfertigte, aber eben nur eine Perspektive unter vielen möglichen. Es mag hilfreich sein, die Daten wichtiger Schlachten seit der Antike bis in die Gegenwart zu kennen. Doch wer die Welt nur in gewonnenen und verlorenen Kriegen betrachtet, sieht immer nur einen Ausschnitt der Realität. »Wer einen Hammer in der Hand hält, sieht überall nur Nägel«, sagt ein Aphorismus.

Ebenso lässt sich die Weltgeschichte progressiv deuten: als eine mit zahlreichen Rückschlägen versehene Entwicklung von der Barbarei hin zu universalen Menschenrechten, die jedem Individuum qua Geburt zustehen und unbedingt zu schützen sind.

Doch selbst wenn man sich auf diesen Historizismus einlassen will und die Weltgeschichte ausschließlich als Abfolge verschiedener Großreiche sehen möchte, die alle in ihrer Zeit globale Macht projizieren, ist eine solche Äquidistanz schwierig. Es gibt einige Argumente, die dagegensprechen. Zunächst einmal ist es nicht zwingend die Sicht von 1,3 Milliarden Chinesen, ein »Jahrhundert der Demütigung« erlebt zu haben, das nun gerächt werden müsse. Wie den allermeisten anderen Menschen ist es auch den Chinesen relativ egal, was der abstrakte Körper »Nation« in seiner Gesamtheit vor ihrer Geburt erfahren hat. Es geht ihnen um ein würdiges Leben im Hier und Jetzt.

Das Narrativ der Demütigung und der darauffolgenden Renaissance der (han-)chinesischen Nation ist das der Kommunistischen Partei Chinas. Diese Partei hat zwar immerhin rund 100 Millionen Mitglieder, nur zählen in dem undurchsichtigen und stellenweise mafiösen Apparat weder freie Gedanken noch freie Meinungsäußerung etwas. Die Partei ist streng hierarchisch gegliedert, an ihrer Spitze sitzen wenige reiche Familien, die die Politik des Landes zu ihren Gunsten gestalten. Die Propagandaabteilung dieser Partei arbeitet seit Jahrzehnten immer wieder an denselben Botschaften: Die KP stehe für ganz China, China sei vom Westen gedemütigt worden, aber nun zurück auf dem Weg zur Weltspitze. Zwar hat auch die Partei offiziell noch universale Werte, nämlich marxistisch-leninistische. Immer wieder aber zeigt sich deutlich, dass die Handlungen des chinesischen Regimes, insbesondere seit dem Regierungsantritt von Xi Jinping, von knallharten geopolitischen, wirtschaftlichen und am Ende nationalistischen Interessen getrieben sind. Man kann sogar noch weiter gehen: Zwar gibt es innerhalb der Volksrepublik offiziell 56 Nationalitäten, die alle gleichberechtigt sind. De facto aber regiert das Mehrheitsvolk der Han-Chinesen, und auch die Außenpolitik wird im Sinne dieser Ethnie gestaltet (zu der immerhin 1,2 Milliarden Menschen gehören).

Ebenso naiv ist es, den Beteuerungen chinesischer Politiker zu glauben, China verfolge anders als Großmächte zuvor keine expansive und aggressive Außenpolitik. So behauptete der chinesische Außenminister bei seinem Besuch im Iran im Juli 2020, diese Eigenschaften lägen nicht »in den Genen des chinesischen Volkes«. Wang sagte: »Wir haben noch nie andere Staaten darum gebeten, zu tun, was wir tun. Vor 2500 Jahren sagten unsere Vorväter, dass

›alle Lebewesen in Harmonie wachsen können, ohne sich gegenseitig zu verletzen‹.«

Und trotzdem verlagert sich das Zentrum des Welthandels wieder zurück Richtung Asien. Für diese Entwicklung ist der Aufstieg Chinas eine maßgebliche, aber nicht die einzige Ursache. Ebenso wachsen Wirtschaft, Handel und Bevölkerung in Indien, Indonesien und im gesamten süd- und ostasiatischen Raum. Vor dem Jahr 1700 war der asiatische Kontinent für rund 60 Prozent der globalen Wirtschaftsleistung verantwortlich. Im Jahr 1950 war dieser Anteil auf 15 Prozent geschrumpft. Seitdem nimmt er beständig wieder zu und liegt heute wieder bei rund 40 Prozent. Neue Straßen, Eisenbahnen, Häfen und Flughäfen sind auch ohne Chinas Seidenstraßen-Projekt Ausdruck dieser Schwerpunktverlagerung der globalen Wirtschaftsaktivität. Die KP versucht letztlich, diese Verschiebung zu kontrollieren und für sich zu vereinnahmen.

Es geht für Deutschland, die EU und den Westen nicht darum, diese Entwicklung aufzuhalten oder zu bekämpfen. Die Bemühungen müssen dahin gehen, sie mitzugestalten und faire Strukturen für alle Beteiligten zu schaffen. Gelingt das nicht, erleben wir tatsächlich nichts anderes als den Übergang von einem Imperium zum nächsten.

Im 1864 gegründeten Galle Face Hotel in Colombo kann man heute noch jeden Nachmittag von der alten in die neue Welt blicken. Kellner in schwarzen Hosen und weißen Hemden servieren Colombos Oberschichtdamen in ihren buten Saris Tee und Sandwiches, während sich internationale Gäste den ersten Gin Tonic oder ein Bier bestellen. Ein Ventilator schaufelt die schwere Luft umher, die Nachmittagssonne steht tief über dem glitzernden Meer. Eine Szenerie wie aus einem Kolonialepos.

Doch wer den Blick vom Ozean losreißt und ein Stück nach rechts wendet, blickt auf die Kräne der Colombo Port City. Wenige Hundert Meter vom Hotel entfernt, stampft China ein Megaprojekt aus dem Meer, hinter dem das altehrwürdige Hotel winzig erscheint.

DANK

Die Arbeit von Journalisten und Autoren in anderen Ländern wird oft erst möglich durch lokale Reporter und Assistenten, die Kontakte vermitteln und bei der Recherche helfen. Dieses Buch wäre ohne die Unterstützung von Assia Shidane in Kenia, von Rukshana Rizwie und dem Fotografen Thiva in Sri Lanka nicht entstanden. In Kasachstan halfen mir Naubet Bisenov und mein Fahrer Oleg mit seiner Seelenruhe. Dank gebührt den Unterstützern meiner Recherchen, deren Namen ich vergessen habe und die in autoritären Ländern wie China, Myanmar oder dem Iran unter teils schweren Bedingungen und großer Gefahr arbeiten.

Das Weltreporter-Netzwerk war für dieses Projekt außerordentlich nützlich, das Treffen mit den (Ex-)Kollegen Bettina Rühl und Marcus Bensmann sehr hilfreich.

Großer Dank gebührt Lianne Kolf, der wahrscheinlich schillerndsten Literaturagentin der Welt, Dr. Marion Preuß vom Goldmann Verlag für die unkomplizierte Zusammenarbeit und Volker Kühn für das geduldige Lektorat.

Danke Camille für deine Neugier und Reiselust.

LITERATURVERZEICHNIS

Adrian Geiges, Stefan Aust: »Xi Jinping – der mächtigste Mann der Welt«. Piper, Juni 2021

Anja D. Senz, Andreas Renner, Nadine Godehardt, Jacob Markdell, Jonathan Holslag, Min Ye, Thomas O. Höllmann: »Chinas Neue Seidenstraßen«. Bundeszentrale für politische Bildung, 2022

Axel Dreher, Andreas Fuchs, Bradley Parks, Austin Strange, Michael J. Thierney: »Banking on Beijing. The Aims and Impacts of China's Overseas Development Program«. Cambridge University Press, 2022

Brigitte Dekker, Maaike Okano-Heijmans, Eric Siyi Zhang: »Unpacking China's Digital Silk Road«. Clingendael Report, 2020

China Global Investment Tracker: *www.aei.org*

Chris Miller: »Chip War. The Fight for the World's Most Critical Technology«. Simon&Schuster, 2022

Christian Geinitz: »Chinas Griff nach dem Westen. Wie sich Peking in unsere Wirtschaft einkauft.« C.H. Beck, 2022.

Clive Hamilton, Mareike Ohlberg: »Die lautlose Eroberung: Wie China westliche Demokratien unterwandert und die Welt neu ordnet«. Deutsche Verlagsanstalt, 2020

Daniel Yergin: »The Prize. The Epic Quest for Oil, Money & Power«. Simon&Schuster, 1990

Desmond Shum: »Red Roulette. An Insider's Story of Wealth, Power, Corruption and Vengeance in Today's China«. Simon & Schuster, 2021

Erich Follath: »Jenseits aller Grenzen. Auf den Spuren des großen Abenteurers Ibn Battuta durch die Welt des Islam«. Deutsche Verlagsanstalt, 2016

European Chamber of Commerce: »European Involvement in China's Belt and Road Initiative«. EU-Chamber, 2020

Evan Osnos: »Age of Ambition. Chasing Fortune, Truth, and Faith in the New China«. Farrar, Straus and Giroux, 2015

GEO Epoche: »Die Seidenstraße. Handel, Glanz und der Kampf um das Herz Asiens«. G&J, 2022

Graham Allison: »Destined for War. Can America and China Escape Thucydides's Trap?«. First Mariner Books, 2017

Guillaume Pitron: »The Rare Metals War: The Dark Side of Clean Energy and Digital Technologies«. Scribe, 2020

Ian Easton: »The Final Struggle. Inside China's Global Strategy«. Eastbridge Books, 2022

Javier Blas, Jack Farchy: »The World for Sale. Money, Power and the Traders Who Barter the Earth's Resources«. Penguin, 2021

Joe Studwell: »How Asia Works«. Grove Press, 2014

Jonathan E. Hillman: »The Emperor's New Road. China und the Project of the Century«. Yale University Press, 2020

Juan Pablo Cardenal, Heriberto Araujo: »Der Große Beutezug. Chinas stille Armee erobert den Westen«. Hanser, 2013

Lee Kuan Yew: »The Grand Master's Insights on China, the United States, and the World«. MIT Press, 2013

Kai Strittmatter: »Die Neuerfindung der Diktatur: Wie China den digitalen Überwachungsstaat aufbaut und uns damit herausfordert«. Piper 2018

Michael Axworthy: »Iran: Empire of Mind. A History from Zoroaster to the Present Day«. Penguin, 2008

Nadine Godehardt: »Chinas ›neue‹ Seidenstraßeninitiative: regionale Nachbarschaft als Kern der chinesischen Außenpolitik unter Xi Jinping«. Stiftung Wissenschaft und Politik, Deutsches Institut für Internationale Politik und Sicherheit (SWP), 2014

Nils Grünberg, Claudia Wessling, Katja Drinhausen, Mikko Huotari, John Lee, Helena Legarda: »The CCP's Next Century Expanding economic control, digital governance and national security«. Mercator Institut für China Studien in Berlin (MERICS), Juni 2021

Peter Frankopan: »Die Neuen Seidenstraßen. Gegenwart und Zukunft unserer Welt«. Rowohlt, 2021

Peter Frankopan: »Licht aus dem Osten. Eine neue Geschichte der Welt«. Rowohlt, 2015

Peter Schweizer: »Red Handed. How American Elites Get Rich Helping China«. Harper Collins, 2022

Ray Dalio: »Principles for Navigating Big Debt Crisis«. Greenleaf Books, 2018

Richard McGregor: »The Party: The Secret World of China's Communist Rulers«. HarperCollins, 2010

Richard McGregor: »Xi Jinping: The Backlash«. Lowy Institute Paper, 2018

Roman Vakulchuk, Indra Overland: »China's Belt and Road Initiative through the lens of Central Asia«. Routledge, 2018

Rush Doshi: »The Long Game China's Grand Strategy to Displace American Order (Bridging the Gap)«. Oxford University Press, 2021

Saifedean Ammouz: »The Bitcoin Standard. The Decentralized Alternative to Central Banking«. Wiley, 2018

Sean Roberts: »The War on the Uyghurs: China's Internal Campaign against a Muslim Minority«. Princeton, 2020

Sebastian Sons: »Auf Sand gebaut. Saudi-Arabien – ein problematischer Verbündeter«. Propyläen, 2016

Simon Waldman, Emre Caliskan: »The New Turkey and Its Discontents«. Oxford University Press, 2017

Soner Cagaptay: »The Rise of Turkey: The Twenty-First Century's First Muslim Power«. Potomac, 2014

Stephan Ortmann und Mark R. Thompson: »Introduction: The ›Singapore model‹ and China's Neo-Authoritarian Dream«. Cambridge University Press, 28. Mai 2018

Susan L. Shirk: »Overreach. How China Derailed its Peaceful Rise«. Oxford University Press, 2023

The People's Map of Global China *www.thepeoplesmap.net*

Tom Miller: »China's Urban Billion: The Story behind the Biggest Migration in Human History«. Zed Books, 2012

Tuba Eldem: »Canal Istanbul: Turkey's Controversial Megaproject; Its Likely Impacts on the Montreux Convention and Regional Stability«. SWP, 2021

Timothy Beardson: »Stumbling Giant: The Threats to China's Future«. Yale University Press, 2014

Who Votes with China? *yiqinfu.github.io/posts/united-nations-general-assembly*

Wolfgang Reinhard: »Die Unterwerfung der Welt. Globalgeschichte der europäischen Expansion 1415–2015«. C.H. Beck, 2016

Xi Jinping: »The Governance of China«. Verlag für fremdsprachige Literatur, 2014

Ying-Kit Chan: »Zheng He Remains in Africa: China's Belt and Road Initiative as an Anti-Imperialist Discourse«. The Copenhagen Journal of Asian Studies, 2019